Ilse Gräfin von Bredow
Nach mir die Sintflut

PIPER

Zu diesem Buch

Ist man mit über achtzig noch Senior oder schon »in fortgeschrittenem Alter«? Oder gar »hochbetagt«? Und selbst, wenn man schon Urenkel hat – fühlt man sich deshalb uralt? Woran kann man erkennen, in welche Gruppe man gehört? Ilse Gräfin von Bredow weiß, was es mit dem Alter – besonders mit dem hohen Alter – so auf sich hat: Es steckt voller Überraschungen. Glück im Unglück hält es ebenso bereit wie zahlreiche Momente, in denen man am liebsten aus seiner alter Haut fahren möchte. Da wirft auch ein ehemaliger Studienrat, einst die Ruhe in Person, schon mal eine Vase an die Wand. Zu viel Geduld mit sich selbst hingegen haben manche Menschen, wenn es darum geht, Entschlüsse zu fassen und in die Tat umzusetzen, seien es kleine Vorhaben wie Einkaufen und Aufräumen oder große Entscheidungen wie die, die eigene Wohnung aufzugeben und in ein Altersheim zu ziehen. Verstärkt wird das Zaudern durch körperliche Unpässlichkeit, weshalb man den Dingen lieber ihren Lauf lässt, als selbst aktiv zu werden. Dass das oft von Vorteil ist, diese Einsicht wiederum erwirbt man meist erst im hohen Alter …

Ilse Gräfin von Bredow wurde 1922 in Teichenau/Schlesien geboren. Sie wuchs im Forsthaus von Lochow in der märkischen Heide auf und besuchte später ein Internat. Während des Krieges war sie im Arbeitsdienst und musste Kriegshilfsdienst leisten. Seit Anfang der Fünfzigerjahre des letzten Jahrhunderts lebt Gräfin von Bredow als Journalistin und Schriftstellerin in Hamburg.

Ilse Gräfin von Bredow

Nach mir die Sintflut

Piper München Zürich

Mehr über unsere Autoren und Bücher:
www.piper.de

Von Ilse Gräfin von Bredow liegen bei Piper vor:
Kartoffeln mit Stippe
Ein Fräulein von und zu • Familienbande
Willst du glücklich sein im Leben • Die Küche meiner Kindheit
Adel vom Feinsten
Das Hörgerät im Azaleentopf
Adel vom Feinsten • Der Glückspilz
Ich und meine Oma und die Liebe? • Benjamin, ich hab nichts anzuziehn
Des Hauses Ehr ist Gastlichkeit
Hansemann, geh du voran
Denn Engel wohnen nebenan
Und immer droht der Weihnachtsmann

MIX
Papier aus verantwortungsvollen Quellen
FSC® C083411

Ungekürzte Taschenbuchausgabe
Piper Verlag GmbH, München
März 2013

Umschlaggestaltung: Cornelia Niere, München
Umschlagabbildung: Oliver Wetter
Satz: Dörlemann Satz, Lemförde
Gesetzt aus der Aldus
Papier: Munken Print von Arctic Paper Munkedals AB, Schweden
Druck und Bindung: CPI – Clausen & Bosse, Leck
Printed in Germany ISBN 978-3-492-30089-6

Inhalt

… und kein bisschen weise

Viele Jahre waren wir einfach alt und wurden unter dem Sammelbegriff »Rentner« geführt. Jetzt, zwischen fünfundachtzig und hundert, befinden wir uns, wie man es taktvoll nennt, »in fortgeschrittenem Alter«. Ein Fortschritt, der das Besondere an sich hat, dass er ein Rückschritt ist, denn in den Medien spricht man – was uns Frauen betrifft – nun gern von »alten Damen«: »Die alte Dame versuchte vergeblich, sich gegen den Einbrecher zu wehren.« In Bayern allerdings wählte man vor Jahren geradeheraus das Wort »hochbetagt«. Als ich kurz nach dem Krieg meine dort gelandete Schwester besuchte, entdeckte ich bei einem Spaziergang mit meiner Mutter eine brennende Feldscheune und meldete es der Polizei. In dem Protokoll stand: »Als ich mit meiner hochbetagten Mutter an der Scheune vorbeikam …« Zu diesem Zeitpunkt war meine Mutter so um die fünfundsechzig.

Jetzt wird das Wort »Alte« durch die Bezeichnung »Senioren« ersetzt. Und wir kommen nicht mehr ins »Altersheim«, sondern in »Residenzen«, was die Sache auch nicht besser macht. Doch selbst wir retuschieren gern an unserem Alter herum und denken mit Wehmut daran zurück, als wir noch achtzig waren – »schön war die Zeit!« Nun ja, ganz so schön auch wieder nicht. Einige Krankenhausaufenthalte, Grippen und einen unangenehmen, hartnäckigen Husten musste man schon in Kauf nehmen, und manchmal hat man gedacht, das letzte Stündlein habe geschlagen. Dieser oder jener von uns hat mal wieder die gesamte Familie antanzen lassen, das Testament durchforstet und Sachen verschenkt, mit denen die Empfänger nicht so recht was anfangen konnten, wie mit dem wuchtigen, bleischweren Aschenbecher, von dem sich ein Onkel schweren Herzens trennte, zumal der Beschenkte Nichtraucher war. Aber dann hat man sich erstaunlicherweise doch wieder berappelt und Freunde und Familie mit dem detaillierten Krankenbericht bei der dritten Wiederholung viel Geduld und Langmut abverlangt.

Und nun liegen die achtzig weit hinter uns, inzwischen sind oder werden wir Urgroßmütter oder Urgroßväter. Aber fühlen wir uns deshalb uralt? Und woran erkennen wir, in welche Altersstufe wir gehören? Zum Beispiel daran,

- wenn die Großnichte fragt: »Tantchen, erzähl doch mal, wie war's denn so zu Kaiser Wilhelms Zeiten?«;
- wenn der Abiturient von nebenan wissen will: »Welcher Krieg war schlimmer, der erste oder der zweite?«;
- wenn die Freundin des Urenkels verkündet: »Ich hab gelesen, Sie durften nicht einmal mit Ihrem Verlobten im selben Abteil fahren. Is' ja geil!«;
- wenn das, was wir auf dem Kopf tragen, kein Hut mehr ist, sondern ein Hütchen – »Was haben Sie für ein reizendes Hütchen auf!«;
- wenn man einen Gleichaltrigen im Gespräch erwähnt und die fassungslose Frage zu hören bekommt: »Was? Der lebt noch?«;
- wenn wir zu allen unter Siebzigjährigen bei passender Gelegenheit »Aber Kind« sagen;
- wenn wir einem Altersforscher nur mit einem überlegenen Lächeln lauschen können, weil er in unseren Augen gerade sein Lätzchen abgelegt hat, aber jetzt schon von seinen inneren Abschieden spricht und dann noch meint,

uns erklären zu müssen, was es mit dem Alter so auf sich hat.

Denn er weiß nicht, was wir wenigstens wissen: Es steckt voller Überraschungen. Und was Curd Jürgens sang: »Sechzig Jahre und kein bisschen weise, aus gehabtem Schaden nichts gelernt …«, gilt auch für viele von uns Hochbetagten. Da man aber den Charakter des alten Menschen gern vergoldet und ihn für abgeklärt und weise hält, wird er oft falsch eingeschätzt. Und das sieht dann so aus: »Karin, setz dich doch mal zu deiner Urgroßtante. Sie guckt so traurig.«

Und was bedrückt die liebevoll befragte Tante? »Sag mal, Kindchen, wer ist denn diese greuliche Person neben meinem Großneffen Friedrich? Wo hat er denn die aufgegabelt?« Das den Familienklatsch liebende Tantchen hat mal wieder ins Schwarze getroffen. Die Familie ist entzückt über das Wort greulich. Sie war von Anfang an entsetzt über Friedrichs Zukünftige und empfindet deshalb Tantchens Frage keineswegs als anmaßend oder taktlos, im Gegensatz zu dem vor zwei Tagen mit einer Nichte geführten Telefonat, bei dem sie deren allseits beliebten Sohn einen Waschlappen nannte, was einen Sturm der Entrüstung auslöste.

Ob nun taktvoll, abgeklärt, gütig und weise oder nicht, ohne unser Zutun und nur aufgrund unseres hohen Alters avancieren wir oft zum Vorbild, und das ganz besonders für den Nachwuchs, was die Kleinen jedoch eher verstimmt als einsichtig macht.

»Deine Uroma ist schon neunzig und steht trotzdem jeden Morgen um sieben Uhr auf.« – »Warum?«

Gelegentlich wird man sogar von den Nachbarn bewundert: »In Ihrem Alter noch immer ohne Stock. Da kann sich mancher ein Beispiel dran nehmen.«

Wer ein Vorbild sein möchte, muss natürlich noch einigermaßen intakt sein und nicht so ein Schussel wie beispielsweise ich, die ich immer wieder aufs Neue nach meinem Wohnungsschlüssel suche, statt ihn einmal dort hinzulegen, wo er hingehört – neben die Tür. Denn den Status des Vorbilds kann man schnell verlieren und bei den mitleiderregenden Uralten landen, die von jüngeren Menschen gern mit diesem fröhlichen Unterton in der Stimme angesprochen werden: »Dir ist schwindlig? Alles halb so schlimm! Da legen wir uns einfach mal ein Weilchen hin.«

Dabei lechzen wir doch nach Bewunderung, besonders dann, wenn mit uns nicht mehr allzu viel Staat zu machen ist, die Muskeln schnell schlaff werden und die von den vielen Tropfen trüben Augen Mülltonnen von Menschen nicht mehr unterscheiden können. Auch unser Gehör hat mehr und mehr Ruhebedarf und stellt sich trotz teurer Hörgeräte einfach ab. Aber sowie man uns bewundert, nicken wir zufrieden und genießen es, wenn auch sicher nur vorübergehend, eine Respektsperson zu sein und nicht nur ein Sammelbegriff. Ich selbst gehörte früher in jeder Gemeinschaft zu den Schlusslichtern. Im Internat war ich eine absolute Niete beim Brennballspielen. Wenn die Mannschaft aufgeteilt wurde, interessierte sich niemand für mich, denn mit schöner Regelmäßigkeit traf der Ball mich schmerzlich, ehe ich ihn schlagen konnte. Und im Arbeitsdienst keuchte ich beim fröhlichen Lauf durch das vom Morgentau klitschnasse Gras hinter den anderen her. Gelobt wurden wir so gut wie nie, man fand zu viel Lob damals für junge Menschen schädlich. Selbst die Bäuerin, der ich bewies, wie routiniert ich mit der Zentrifuge umgehen konnte, die Milch und Sahne voneinander trennt, staunte zwar, sagte aber statt eines Lobs nur trocken: »Auch ein blindes Huhn findet mal ein Korn.« Doch jetzt im hohen Alter hat sich das Blatt gewendet. Wir werden wegen jeder Kleinigkeit bewundert. Und dazu haben wir noch die Aura des Zeitzeugen, der, was meine Generation betrifft, ja tatsächlich eine Menge erlebt hat. Die kleinste Leistung findet Beifall: »Sie ziehen Ihre Markise noch alleine hoch?! Alle Achtung! Sie gehen noch im Dunkeln im Park spazieren?! Ist ja mutig! Sie fahren noch Rad?! Bewundernswert!«

Die Uroma alten Stils ganz in Schwarz und ohne jedes Make-up gibt es zwar nicht mehr, doch irgendwie spuken sie und ihre altersbedingte Rückständigkeit immer noch in den Köpfen mancher Jüngeren herum. Dabei sind wir keineswegs von gestern, ebenso wenig, wie es damals unsere Mütter waren, die zwei Kriege über sich ergehen lassen mussten. Wir schwimmen wacker im Mainstream mit und bemühen uns zu verstehen, dass der, wie man früher gesagt hätte, überarbeitete Urenkel eine »Auszeit« braucht, um ein »Burn-out« zu vermeiden. Auch wir lieben inzwischen leider das Wort »Depression« und sprechen nicht mehr von »schlechter Laune« oder »Verstimmtheit«. Auch wir besitzen selbstverständlich ein Handy und behaupten, es sei kinderleicht zu bedienen, obwohl es meist in der Schublade bleibt. Aber insgesamt – tief in unserem Innern – hängen wir doch noch am Althergebrachten, finden den angedeuteten Knicks der zukünftigen Frau des Enkels einfach zu reizend und denken, wenn uns der Urenkel lässig die linke Pfote reicht: »Wo ist das brave Händchen?« Wir tragen innere Kämpfe aus, nicht gekränkt zu sein, wenn uns zum Geburtstag nur per Telefon und SMS gratuliert wird statt mit langen Briefen oder ausgesuchten Blumenkarten. Und wir sind uneins mit uns, ob wir das kurze »Hi!« der jungen Nachbarin unmöglich finden sollen oder nicht.

Aber einem Problem entwachsen wir von Jahr zu Jahr mehr und mehr – dem nachteiligen Vergleich mit anderen Familienmitgliedern unserer Generation, denn von denen gibt es immer weniger, und die Jahrgänge davor kennt zum Glück niemand mehr. Jetzt haben wir endlich die Chance, uns unsere Ähnlichkeit selbst auszusuchen. In meinem Fall empfinde ich eine tiefe Seelenverwandtschaft mit Wuffi, dem Hund meiner verstorbenen Freunde, den aber auch schon seit etlichen Jahren der grüne Rasen deckt.

Er starb so angenehm, wie es sich jeder Mensch nur wünschen kann, an einem Frühlingstag unter blühenden Bäumen. Und das Letzte, was ich von ihm hörte, war ein zufriedenes »Wuff«. Wie er in fortgeschrittenen Jahren, taumle auch ich leicht von einer Seite auf die andere, und die Vorübergehenden sagen gelegentlich schmunzelnd: »Na, war wohl mehr als ein Gläschen in Ehren?« Auch ich stoße mich mit Vorliebe an Gegenständen, die meiner Meinung nach völlig sinnlos in der Gegend herumstehen, und gebe dabei einen wuffähnlichen Ton von mir. Auch ich bin sehr wählerisch mit dem Essen und beobachte, wenn ich unterwegs bin, ein wenig misstrauisch meine Umwelt. Ebenso wie er liebe ich die Wärme, verkneife mir allerdings tunlichst, mich wie er auf jedes Plätzchen zu legen, das mir gemütlich erscheint, um die Sonne zu genießen. Nicht alles ist mir gestattet, was für ihn selbstverständlich war. Aber trotz aller Seelenverwandtschaft: So viele Tränen wie bei seinem Tod werden bei meinem nicht fließen.

Doch das ist kein Grund zur Traurigkeit. Es ist nun einmal so, dass wir dank der Fortschritte in der Medizin und anderer vorteilhafter Lebensumstände so alt werden, und der Bibelspruch:

»Das Leben währet siebzig Jahr« längst überholt ist. Das Alter hat ja auch gewisse Vorteile, wie etwa den der Erinnerung und des Vergleichens zwischen heute und damals. So traf ich vor nicht langer Zeit bei Freunden einen jungen Mann, dessen Stimme längst Vergessenes in mein Gedächtnis zurückkehren ließ. Er war – wie sich herausstellte – der Urenkel eines Herrn, mit dem ich vor siebzig Jahren eine Spritztour auf seinem Motorrad gemacht hatte. Leider führte uns sein schneidiger Fahrstil schnurstracks in einen Graben, was aber bei dem damals nur möglichen Tempo glücklicherweise ohne Folgen blieb. Sofort sprach ich seinen Urenkel darauf an, und er hörte mir höflich, aber wenig interessiert zu. Sein Motorrad war natürlich von ganz anderem Kaliber als das zu meiner Jugendzeit, doch auch er war wie ich damals nicht allein. Das weibliche Wesen in dunkler Lederkluft, dessen Gesicht von einem schwarzen Helm verborgen wurde, saß bereits auf der Maschine. Es war wie vor siebzig Jahren – ein lauer Frühlingstag, zwei junge Menschen auf einem Motorrad, ein rasanter Start. Und doch war da ein großer Unterschied: Die junge Dame steuerte, ihr Begleiter saß auf dem Soziussitz. »Ja, ja, lang ist's her ...«

Die guten Vorsätze

Wie wir wissen, ist der Weg zur Hölle mit guten Vorsätzen gepflastert. Bei uns Uralten ist es manchmal schon der kurze Gang ins Badezimmer. Was hat man am Abend davor seinem Körper nicht alles an Gutem versprochen, was man für ihn tun will. Das gilt natürlich mehr für uns Singles. Bei Ehepaaren macht oft der weibliche Teil, was die Körperpflege betrifft, beim Partner Druck. »Die Sache mit dem Dreitagebart, und das in deinem Alter, wollen wir gleich vergessen. Damit fangen wir erst gar nicht an.«

Der Vorsatz, uns endlich mehr Gedanken über unseren Körper zu machen, der uns trotz vieler Baustellen weiterhin treu dient und dafür belohnt werden muss, wird uns in den Wartezimmern der Ärzte geradezu aufgedrängt. Als guterzogener Patient hat man sich ein Vierteljahr lang auf den Termin eingestellt, ist gehorsam der Sprechstundenhilfe – »Sie dürfen sich schon mal setzen« – gefolgt und sitzt nun geduldig zwei Stunden ab, bis man aufgerufen wird. Zum Zeitvertreib bemächtigen wir uns jener meist für die Weiblichkeit bestimmten Magazine, die zu unserer großen Freude tatsächlich erst eine Woche alt sind und nicht ein Jahr, was hin und wieder auch vorkommt, und durchblättern sie. Dabei geraten wir der Werbung und den klugen Worten von Psychologen ins Netz, und plötzlich fällt es uns wie Schuppen von den Augen: Wir beschäftigen uns viel zu wenig mit dem Wohlergehen von Körper und Seele. Das, nehmen wir uns vor, wollen wir schleunigst ändern. Jetzt weiß ich, was meine reife, anspruchsvolle Haut entbehrt. An erster Stelle revitalisierende, nährende Cremes und auch zum Biolifting ist es nie zu spät. Ich werde von nun an um mein Haar kämpfen, das, wie ich lese, so hartnäckig meine Seele beschützt. Von nun an werde ich, mit Tinkturen, Lotionen und Essenzen gepflegt von Kopf bis Fuß, selbstbestimmt und aktiv durchs Leben gehen und inspirierende Streitgespräche führen. Am Abend im Bett teile ich meinem Körper feierlich mit: »Ab morgen bin ich ganz bei dir.« Die Antwort: »Halt die Klappe und mach endlich das Licht aus.«

Leider geht mein selbstbestimmtes aktives Leben schon vor dem Aufstehen flöten. Meine Arthrose hält mich in Schach. Auch das inspirierende Streitgespräch läuft nicht so, wie ich es mir vorgestellt habe. Der Radfahrer, der mich fast zur Strecke bringt und den ich wegen seines rasenden Tempos zur Rede stelle, grinst nur über meinen Zorn und murmelt etwas von Friedhofsgemüse. Auch mit dem Kauf der Wundermittel wird es nichts, teils weil man ihre Namen vergessen hat, teils aus Bequemlichkeit. Bedauernd kommt man zu der Erkenntnis, dass das Alter sich besonders für den Spruch mit den guten Vorsätzen eignet.

Auch der Wunsch der Umgebung, dass wir, vom hohen Alter geläutert, eine Art Mutter Teresa werden oder uns in ähnliche Vorbilder verwandeln, bleibt unerfüllt. Hinzu kommt unser ständig schwächelndes Gedächtnis – wie hieß bloß der Kaiser, der Rom anzünden ließ? –, das uns fürchten lässt, bald zur bildungsfernen Unterschicht zu gehören. Hier jedoch zeigt sich das Fernsehen hilfreich und klärt uns auf, was es mit unseren Vorbildern so auf sich hat. Nie wäre ich darauf gekommen, dass Bismarck, dieses Symbol eines vorbildlichen Preußen, im hohen Alter anfing, sich mit Braten und Leckereien bis zum Gehtnichtmehr vollzustopfen, und dass Goethe, unser großer Dichter – der mir die Sommerferien versaute, weil ich sämtliche Monologe der Iphigenie auswendig lernen musste – mehr nach dem Motto »Jeder denkt an sich, nur ich an mich« lebte und seine Frau – mein Gott, wie hieß sie noch? – in der Todesstunde allein ließ.

Also nur nichts übertreiben und die guten Vorsätze dort lassen, wo sie hingehören. Wer wird sich denn freiwillig, hohes Alter hin, hohes Alter her, um den Spaß bringen, ein bisschen zu klatschen, boshaft zu sein und seine Familie mit bestimmten Blicken oder Bemerkungen wie eh und je auf die Palme zu bringen! Deshalb werde ich mich auch nicht, wie ich mir eigentlich vorgenommen habe, grundsätzlich zurückhalten, sondern frank und frei das Enkelkind der besten Freundin, das sich gerade bei unserem Besuch auf dem bequemsten Stuhl räkelt, mit den hasserzeugenden Worten: »Husch, husch« und den dazugehörenden Handbewegungen vom Sessel scheuchen.

Herren unseres gelobten Alters, die sich sowieso immer in der Minderzahl befinden und von denen deshalb mehr hergemacht wird, sind da viel diplomatischer. Der Großonkel öffnet sein Portemonnaie und sagt zu dem auf dem bequemen Sessel sitzenden Knaben: »Ein Euro will dich besuchen, wenn du mir Platz machst.«

Der Junge wirft ihm einen kühlen Blick zu und sagt: »Mindestens zwei.«

Ja, ja, die heutigen Kinder wissen längst, was wir erst mühsam lernen mussten: »Bescheidenheit ist eine Zier, doch weiter kommt man ohne ihr.« Und doch gibt es die berühmten Ausnahmen, die dem Ideal der Gesellschaft entsprechen, Freundin Susanne zum Beispiel. Zwar war sie schon früher ein Sonderfall und übte längst das, was wir wenigstens im Alter zeigen sollten, Güte und Geduld, was ihr allerdings nur einbrachte, dass sie ein Leben lang als fünftes Rad in den Familien mitlief. Der Vorsatz, den sie deshalb im hohen Alter fasste und tatsächlich ausführte, ließ uns bewundernd staunen.

Bis dahin waren auch die jüngeren Generationen der Meinung, für dieses unverheiratete Tantchen gebe es nichts Schöneres, als auf anderer Leute Kinder aufzupassen. Um ihr dieses Vergnügen zu verschaffen, versorgte man sie mit einer stattlichen Anzahl von Patenkindern, die immer, wenn ihre Eltern sie mal einige Zeit loswerden wollten oder eine Reise planten, große Sehnsucht gerade nach dieser Tante verspürten. So den Worten ihrer Mutter nach auch die siebzehnjährige Stefanie, die sich zum Schrecken ihrer erholungsbedürftigen und einen Tauchurlaub planenden Eltern in den Kopf gesetzt hatte, ihren Geburtstag nachzufeiern.

Als Susanne die zwitschernde Stimme von Stefanies Mutter am Telefon fragen hörte, ob sie nicht Lust habe, mal eine Woche bei diesem herrlichen Wetter in ihrem Haus zu verbringen, mal raus aus der Großstadt und dem ewigen Lärm, ahnte sie bereits, was die Glocke geschlagen hatte. Aber trotzdem musste sie erst einmal ein ganzes Repertoire an angeblich sorgenden Gedanken um ihr Wohlergehen über sich ergehen lassen. Schließlich unterbrach sie diese Suada und fragte, zugegebenermaßen ein bisschen direkt, um was es denn wirklich gehe.

Die Nichte reagierte gekränkt. »Wir hatten gedacht, du würdest dich freuen. Nun gut. Stefanie gibt während unserer Abwesenheit ein kleines Fest. Wenn dich das stört … Es könnte also sein, dass es vielleicht an diesem Abend etwas lauter wird.«

»Ich soll also den Aufpasser spielen«, sagte die Tante, befriedigt, die Sache endlich auf den Punkt gebracht zu haben.

»Wie kommst du denn darauf?«, sagte die Nichte. »Du kannst natürlich gern nach oben ziehen. Aber dieses halbe Zimmer neben unserem Schlafzimmer ist leider eine ziemliche Rumpelkammer und das Gästezimmer unten sehr viel bequemer. Aber wenn alle Stricke reißen, kannst du auch in unser Schlafzimmer.«

»Entschuldige«, sagte Susanne sanft, die einerseits fest entschlossen war, diesmal ihren Vorsatz auszuführen – andererseits war ja aber der Garten der Nichte zugegebenermaßen wirklich wunderschön –, »natürlich komme ich.«

»Wirklich schwierig, diese alten Menschen«, sagte die Nichte zu ihrem Mann, der gerade dabei war, die Markise auf der Terrasse in Ordnung zu bringen. »Statt sich zu freuen, fühlt sich Tante Susanne gleich wieder ausgenutzt.«

»Wer?«, fragte der Mann zerstreut.

»Na, deine Großtante. Sie denkt, dass sie auf Haus und Kind aufpassen soll.«

»Soll sie doch auch«, sagte der Ehemann verständnislos.

»Männer«, sagte die Nichte, »nie verstehen sie etwas richtig.«

Eine Woche später machte sich die Großtante auf den Weg. Sie wurde von dem Ehepaar herzlich begrüßt, während ihrem Patenkind, das sich nach Aussage der Mutter wahnsinnig freute, einmal die Patentante ganz für sich allein zu haben, diese Freude nicht recht anzumerken war.

Der Garten war tatsächlich ein Traum. Während sie durch die Blumenbeete schlenderten, beteuerte Stefanies Mutter noch einmal, dass es für die Tante nichts zu tun gebe. Aber das Nichts umfasste dann doch einige Wünsche. »Wenn du vielleicht so nett wärst«, sagte sie, »und dafür sorgst, dass die Party spätestens um zwölf zu Ende ist. Du weißt ja, die Nachbarn. Nimm auch bitte den Weinkellerschlüssel in Verwahrung, und es wäre vielleicht auch ganz gut, wenn du dich ein bisschen kümmern könntest, dass hinterher alles wieder tipptopp aussieht. Wenn du dich langweilst, kannst du dich ja gern ein wenig im Garten betätigen. Auf jeden Fall wäre ich dir sehr dankbar, wenn du den Blumen auf der Terrasse Wasser gibst. Stefanie vergisst das bestimmt wieder.« Und, bevor das Ehepaar ins Auto stieg: »Fast hätte ich's vergessen. Morgen so gegen sieben kommt jemand, der im Haus Rauchmelder anbringt. Würdest du ihn bitte hereinlassen? Stefanie verschläft es todsicher.«

Die Eltern fuhren hupend und winkend davon, und die Großtante war entschlossener denn je, diesmal andere Saiten aufzuziehen.

Das Fest nahte. Stefanie sagte unaufgefordert, dass es nicht so laut wie in einer Diskothek zugehen werde.

»Kann es ruhig«, sagte die Großtante.

»Soll das heißen, wir brauchen keine Rücksicht auf dich zu nehmen?«, fragte das Patenkind mit glänzenden Augen.

Susanne nickte. »Wenn's mir zu laut wird, ziehe ich nach oben.«

Stefanie umarmte sie stürmisch. »Du bist einfach klasse!«

Susanne inspizierte das angebotene Zimmer zwei Stockwerke über dem Gästezimmer. Es als Rumpelkammer zu bezeichnen war tatsächlich noch untertrieben. Das elterliche Schlafzimmer hingegen war purer Luxus, noch dazu mit einem erstklassigen Fernseher ausgerüstet.

Das kleine Fest entpuppte sich als stattliche Party von mindestens hundert Gästen, darunter ein Hund von der Größe eines Bernhardiners, der es sich gleich auf dem kostbaren Sofa ihrer Nichte gemütlich machte. Die von der Nichte in Erwägung gezogenen eventuell reißenden Stricke taten dies bereits gegen zehn Uhr, und Susanne quartierte sich um. Das Bett war bequem und der Geräuschpegel von hier oben wenig störend. Schnell fiel sie in einen tiefen Schlaf, aus dem sie erst vom Taubengurren geweckt wurde. Erleichtert stellte sie fest, dass bis auf ein paar Kleinigkeiten einigermaßen Ordnung herrschte. Nur die Blumenkübel auf der Terrasse steckten voller Zigarettenkippen. Die Rauchmelder waren auch angebracht, und Stefanie umtanzte Susanne dankbar, ehe die Patentante einen Tag vor der Rückkehr der Eltern nach Hause fuhr.

Leider gab es ein Nachspiel. Der Briefträger überreichte den fassungslosen Eltern mehrere Beschwerdebriefe. Die Gäste waren unbemerkt von dem Tantchen mit in ihren Augen harmlosen Streichen doch ein wenig zu weit gegangen. Der Hund hatte in dem liebevoll angelegten Teich des Nachbarn herumgeplanscht und dabei sämtliche Goldfische ans Ufer gewedelt, was ihnen nicht gut bekommen war. Bei einem anderen Nachbarn war die Ehefrau, als sie fröhlich trällernd durch ihren Garten trippelte, auf eine der giftigsten Schlangen der Welt getreten. Sie machte einen fürchterlichen Aufstand, als sie eine Schramme an ihrem Bein entdeckte, und sah sich bereits dem Tode geweiht, ehe der aufgeschreckte Ehemann feststellte, dass die Mamba aus Plastik war. Dann zerstach sich Stefanies Vater auch noch seinen Fuß, als er auf einen Igel trat, den jemand sinnigerweise in seinen rechten Gummistiefel gesteckt hatte. Es dauerte, bis der Frieden mit den Nachbarn und im Hause wiederhergestellt war. Die Nichte jedoch hatte den Wink mit dem Zaunpfahl sehr wohl verstanden und sich offensichtlich zu sehr zu Herzen genommen. Jedenfalls wurde Susanne nicht einmal mehr zum Kaffee eingeladen. Seitdem fragt sie sich gelegentlich, ob sie nicht besser auf dem gepflasterten Weg zur Hölle geblieben wäre.

Das Glück im Unglück

Das Glück im Unglück begleitet uns ein Leben lang. Allerdings ist es manchmal schwer erkennbar, und während wir noch mit dem Schicksal hadern, macht es sich bereits hurtig auf den Weg. Wir Hochbetagten griffen in unserer Kindheit, wenn uns was nicht schmeckte, gern zu der Ausrede »Hab so 'n Bauchweh«, die meist schnell durchschaut wurde, vor allem von den Vätern, aber nicht immer zu Recht. Als Vater bei meinem Gejammer wie stets sofort auf die Brotsuppe tippte, die niemand mochte, die aber trotzdem mit schöner Regelmäßigkeit einmal in der Woche auf den Tisch kam, hatte er sich gewaltig geirrt – diesmal war es der Blinddarm. »Siehste!«, sagte Mutter vorwurfsvoll, und zu meinem großen Entsetzen brachte man mich ruck, zuck ins Krankenhaus, wo ich wenig später auf dem OP-Tisch landete. Schon am nächsten Tag war ich wieder putzmunter und genoss es, von den Schwestern verwöhnt und »goldig« genannt zu werden. Das hatte vorher noch niemand zu mir gesagt. Aber der Höhepunkt des Glücks war ein Geschenk des Arztes: mein Blinddarm, wohl verwahrt in einem Glas mit Spiritus, mit dem ich nun im Dorf angeben konnte.

Bei meiner chronisch unter Heimweh leidenden fünfzehnjährigen Cousine Margot, die sich im Internat kreuzunglücklich fühlte, musste erst die gefürchtete Oberin, von der es am wenigsten zu erwarten war, dem Glück auf die Sprünge helfen. Die Sommerferien neigten sich dem Ende zu, die Rückkehr in das verhasste Internat stand kurz bevor. Da wurde Margot von heut auf morgen zu einer großen Hochzeit eingeladen. In diesem Fall zeigte sogar der sonst sehr strenge Vater Verständnis. Er schickte ein Telegramm an die Schule mit der Ausrede, er könne seine Tochter erst zwei Tage später ins Internat bringen, sein Auto habe plötzlich einen Motorschaden. Am Reisetag, als sich Vater und Tochter gerade auf den Weg machen wollten, sprang der Motor tatsächlich nicht an, und die Fahrt verschob sich um einen weiteren Tag. Das Cousinchen wurde unruhig, denn es ahnte Böses, und es hatte Grund dazu. Die strenge Oberin liebte das offene Wort, und was der Vater bei der Ankunft zu hören bekam, war ausgesprochen starker Tobak. Weinend verabschiedete sich Margot von ihrem Vater und sah den nächsten Monaten mit Grauen entgegen. Aber das Glück hatte bereits seine Arme weit für sie ausgebreitet: Bislang waren ihre flehentlichen Bitten, der Vater möge sie doch von diesem Internat nehmen, auf taube Ohren gestoßen – aber nun hatte er gegen einen Schulwechsel nichts mehr einzuwenden.

Mein Bruder, der große Meister im Basteln, bekam aufgrund dieser Fähigkeit im Arbeitsdienst einen wundervollen Druckposten. Er hatte das Ein und Alles des Arbeitsdienstführers, sein Motorrad, zu betreuen. Während er mit Hingabe daran herumwerkelte, marschierten die anderen, ihm böse Blicke zuwerfend, mit geschulterten Spaten zu anstrengenden Arbeiten. Sein Vorgesetzter war so zufrieden mit ihm, dass er ihn gnädig zu einer kleinen gemeinsamen Spritztour einlud. Bei der Rückfahrt, kurz vor dem Lager, lief ihnen plötzlich ein Reh über den Weg. Während das Wild unbeschädigt davonsprang, landeten beide Männer an einem Straßenbaum. Zum Glück war dem kostbaren Motorrad nichts passiert, ebenso wenig dem Arbeitsdienstführer. Aber mein Bruder blutete heftig aus einer Platzwunde an der Stirn, worüber der Lagerführer sehr erschrak. Der Sanitäter im Lager blinzelte meinem Bruder verständnisvoll zu und verpasste ihm einen riesigen Verband, der den Eindruck erweckte, dass sein Kopf schwer verletzt war, so dass ihn der immer noch geschockte Lagerführer sofort für zwei Wochen auf Genesungsurlaub nach Hause schickte. Die Freude der Eltern war groß, als mein Bruder unerwartet auftauchte, und meine Mutter nannte den Lagerführer dankbar »eine sehr verantwortungsbewusste Person«. Dass mein Bruder zwei Tage später wieder topfit war, sei nur nebenbei erwähnt.

Doch der größte Gewinn aus einem sehr traurigen Ereignis erwuchs einer unserer zahlreichen Tanten im Krieg. Mit ihrem ebenfalls nicht mehr ganz taufrischen Dackel lebte sie in Berlin beschaulich vor sich hin, bis der Krieg dieser Idylle ein Ende machte. Die zunehmenden Bombenangriffe scheuchten Herrin und Hund immer häufiger in den Keller, und dem betagten Dackel wurde dieses ewige Treppab und Treppauf zu viel, er erlag einem Herzschlag. Die Trauer war groß. Trotz widriger Umstände beschloss die Tante, ihn in einem Wäldchen in der

Nähe des Wannsees zu beerdigen. Sie packte ihn in eine große Tasche und machte sich auf den Weg. Noch lag nicht alles in Schutt und Asche, und die Verkehrsmittel funktionierten einigermaßen. In der wie üblich proppenvollen S-Bahn trauerte sie vor sich hin, ergriff an der Station die zu ihren Füßen stehende Tasche, stieg aus, marschierte zu dem Wäldchen, öffnete die Tasche – und erstarrte. Der geliebte Dackel hatte sich in ein halbes Pfund Butter, eine große Leberwurst, ein Stück Speck und andere Köstlichkeiten verwandelt. Mit anderen Worten, sie hatte die Tasche in der überfüllten S-Bahn vertauscht. »Na ja«, dachte Tantchen dankbar, »Gottes Wege sind wunderbar!« und griff beherzt nach einem Stück Würfelzucker, ohne sich lange auszumalen, wie der eigentliche Besitzer dieses schmackhaften Inhalts mit den fröhlichen Worten: »Ihr werdet euch wundern, was ich alles Schönes für Opas goldene Taschenuhr bekommen habe« seine Familie begrüßt und nach dem Öffnen der Tasche samt Frau und Kindern entsetzt auf Tantchens toten Liebling starrt.

Ganz so spektakulär wie bei ihr zeigte sich mein Glück im Unglück nicht. Dafür schubste es mich aber in die richtige Richtung. Nach dem

Krieg sah es mit einem Beruf für mich nämlich zunächst recht düster aus. Ich hatte so gut wie nichts gelernt, und das, was ich konnte, war nun nicht mehr gefragt, wie etwa junge Pferde einzureiten. Das Einzige, was ich aufweisen konnte, war eine sechsjährige, gerade erst hinter mir liegende Tuberkulose, was den Erfolg bei der Arbeitssuche zusätzlich hinderte. Die Chancen standen also äußerst schlecht, und ich hielt mich, so gut es ging, mit Gelegenheitsarbeiten über Wasser, bis mir eine Redakteurin über den Weg lief, die ich noch vor der Krankheit während ihres Studiums kennengelernt hatte. Ihr lieferte ich nun hin und wieder Tipps für eine täglich erscheinende Spalte ihrer Zeitung und bekam dafür ein wenig Geld. Unter meinen Vorschlägen befand sich auch der Kantor Mauersberger vom Dresdner Kreuzchor, der mit seinen Jungen ein Gastspiel in Hamburg gab. »Nun mach's mal selber«, sagte die Redakteurin »oder hast du keine Traute?« – »Warum nicht?«, sagte ich nassforsch. Aber dann packte mich doch Entsetzen, ich musste verrückt gewesen sein! Gott sei Dank erwies sich mein erstes Opfer als ein besonders umgänglicher, freundlicher Mensch, der natürlich keine Ahnung hatte, was für ein

Nichts von Journalistin da vor ihm saß. Er konnte wundervoll farbig erzählen, aber als ich mir begeistert Notizen machen wollte, musste ich feststellen, dass ich Block und Kugelschreiber vergessen hatte. Auf die naheliegende Idee, mir von dem Portier des kleinen Hotels damit aushelfen zu lassen, kam ich nicht. So was konnte natürlich nur mir passieren, die ich doch schon in der Schule mit meiner Vergesslichkeit die Lehrer zur Verzweiflung gebrachte hatte! Ich saß die ganze Nacht und versuchte, meinem Gedächtnis auf die Sprünge zu helfen, damit nicht alles, was ich gehört hatte, verloren war. Mit dreihundert Zeilen statt den vorgegebenen vierzig betrat ich gesenkten Hauptes die Redaktion. Die Redakteurin las, schüttelte den Kopf und murmelte etwas, das wie: »Wohl 'ne Meise unterm Pony« klang. In Windeseile strich sie den Text zusammen und machte ihn überhaupt erst lesbar. Ich aber schwor mir: »Nie, nie wieder!« Doch in damaliger Zeit war man mit Anfängern großzügig. Man ermunterte mich weiterzuwursteln, und zwanzig Jahre später wurde aus mir sogar eine Schriftstellerin.

Und wie sieht es im hohen Alter mit dem Glück im Unglück aus? Ich finde, es ist das Gleiche geblieben, nur wird es von der folgenden Generation anders gesehen. Zum Beispiel, wenn wir unsere Freude äußern, endlich einmal wieder eine Nacht durchgeschlafen zu haben, bekommen wir zu hören: »Ist doch egal für dich, ob du tags oder nachts schläfst! Du hast doch keinerlei Verpflichtungen mehr.« Oder wenn wir lesen: »Bei einem schweren Unfall kam die gesamte Familie ums Leben, nur die neunzigjährige Großmutter blieb als Einzige unverletzt«, spüren wir in dieser Nachricht einen Hauch von verständlichem Bedauern darüber, dass es nicht umgekehrt war. Auch werden von uns als tragisch empfundene Momente nicht mehr so ganz ernst genommen. Etwa wenn die Großmutter, während es draußen blitzt und donnert, wieder einmal erzählt, dass ihre beste Schulfreundin vom Blitz erschlagen wurde, ihr dagegen nichts passierte, dabei habe sie die Freundin überredet, mit ihr unter einer Eiche Schutz zu suchen, obwohl doch jeder wusste: Vor der Eiche, da weiche. Und was sagt der Enkel ein wenig verwundert, dass seine Großmutter anfängt zu weinen, tröstend: »Siehst du, Omi, da hast du mal wieder richtig Schwein gehabt!«

Ebenso ist den Jüngeren unverständlich, was

nach einem Missgeschick im Freundeskreis der Uralten geradezu euphorische Stimmung auslöst. Der Uralte, um den es sich handelt, gehört noch zu jenen aussterbenden Exemplaren von Männern, die der Meinung sind: »Und drinnen waltet die züchtige Hausfrau.« Angeblich wissen sie nicht einmal, wo in der Küche das Salz steht, können aber so gut wie alles, wenn sie wollen, und pflegen ihre krank gewordenen Ehefrauen bis zum bitteren Ende rührend und ohne jegliches Opfergehabe. Nur im normalen Alltag fühlen sie sich für Hausarbeit nicht zuständig und bekommen diesen gewissen hilflosen Ausdruck, vor dem die Ehefrau kapituliert. Doch heute, nach einer geruhsamen Nacht, ist für den Neunzigjährigen beim gemeinsamen Einkauf der Was-kostet-die-Welt-Blick im Einsatz, mit dem man jungen hübschen Frauen gefallen will. Und da steht sie schon: jung und ansehnlich an der Kasse des Supermarktes und versucht gerade, mehrere Dinge auf einmal zu tun: ihren beiden Kindern etwas in den Mund zu stopfen, damit sie mit dem Quengeln aufhören, das von der Kassiererin empfangene Wechselgeld nachzuzählen und kurz auf ihr Handy zu sprechen. Auf dem Parkplatz begegnet man sich wieder, als sie dabei ist, den Berg von Einkäufen samt Kindern im Auto zu verstauen. Das ist der Moment, in dem ein Kavalier alter Schule gar nicht anders kann, als ihr zu helfen, und mit Schwung den schweren Einkaufskorb in den Kofferraum befördert. Doch als er sich wieder aufrichten will, knickt der Kavalier alter Schule gleich wieder stöhnend zusammen. Ein Hexenschuss schlimmster Sorte hat ihn erwischt. Die Ehefrau seufzt, sie hat es geahnt. Die junge Mutter zeigt sich untröstlich, handelt aber beherzt. Mit dem Hinweis, ihr Mann sei Arzt, seine Praxis liege gleich um die Ecke und er könne ihm eine lindernde Spritze geben, hievt sie ihn gemeinsam mit der Ehefrau auf den Beifahrersitz. Wie sich herausstellt, ist der Neunzigjährige bei einem renommierten Orthopäden gelandet, der sich seiner ausführlich annimmt. Eine Freundschaft bahnt sich an, und der Bekanntenkreis müht sich, daran teilzuhaben. Das junge Paar wird überall mit großer Liebenswürdigkeit aufgenommen. Nach kurzer Zeit duzt man sich. Wieso? Weshalb? Warum? Ein befreundeter Orthopäde ist für uns wertvoller als ein Goldbarren im Tresor, wo wir Alten es doch ständig mit den Knochen und Gelenken haben.

Der Test

Es gibt im Leben Momente – und das mit zunehmender Tendenz, je älter wir werden –, da möchte man aus seiner alten Haut fahren. Frühmorgens klingelt uns das Telefon aus dem Halbschlaf, und noch vor dem Frühstück scheint der größte Teil der Handvoll Menschen, die uns nahestehen, über Nacht von Schicksalsschlägen heimgesucht worden zu sein. Ganz betäubt vor Schreck, legen wir den Hörer auf – und plötzlich ist alles weg. Die zweite Socke, das Nageletui, die Nagelbürste, ja, sogar der Kamm. Gleichzeitig funktioniert nicht ein einziger Kugelschreiber mehr, passt kein Schlüssel ins Schlüsselloch und fällt oder gleitet einem, was man anfasst, aus der Hand. Rohe Eier, Sahnebecher und Milchtüten scheinen nur darauf zu warten, es sich erst auf und dann sehr schnell in einem teuren Teppich gemütlich zu machen. Zu allem Überfluss herrscht draußen noch kaltes, regnerisches und stürmisches Wetter. Eine für uns

Alte besonders unwillkommene Wetterlage, benötigen wir doch dazu wasserfeste Schuhe und einen Regenschirm, der uns das Einkaufen noch mühseliger macht.

Da steht er nun, der ehrwürdige Greis, dick eingemummelt, wie es die Wetterlage erfordert, und versucht, seine Stiefel zuzuschnüren, wobei der eine Schnürsenkel – wie kann es an so einem Tag anders sein – reißt. In diesem Augenblick verwandelt sich der einst bei seinen Schülern sehr beliebte neunzigjährige ehemalige Studienrat, ein gütiger, geduldiger, verständnisvoller Pädagoge, in etwas, was wir noch aus einem Grimm'schen Märchen kennen: ein tobendes Rumpelstilzchen, das nach dem nächsten Gegenstand greift und ihn an die Wand schmettert. Es ist das Abschiedsgeschenk seiner Schüler, die von ihnen selbst getöpferte und liebevoll bemalte Vase, zwar ohne Blumen, aber dummerweise immer noch mit Wasser gefüllt. So geht nicht nur dieses unersetzliche Andenken zu Bruch, die teure Tapete ziert nun auch noch ein originelles Muster. Der Studienrat befolgt mit dieser Gewalttat nur den Rat eines berühmten Psychologen, der in seinem gerade erschienenen Buch schreibt: »Wenn Sie zornig sind, schlucken Sie es nicht hinunter. Das macht krank! Lassen Sie lieber ordentlich Dampf ab.«

Wie so oft in solchen Situationen, in denen einem die ganze Welt gestohlen bleiben kann, klingelt es an der Wohnungstür. Es ist seine noch ziemlich neue Schwiegertochter. Sie hat netterweise einiges für ihn eingekauft. Wortlos stellt sie es beiseite und räumt die Scherben mit dem ihm bekannten Gesichtsausdruck »immer ich« weg. Bis zum Hochzeitstag ist sie der Meinung gewesen, als alleinerziehende Mutter mit ihrem neuen, wenn auch etwas älteren Partner das große Los gezogen zu haben. Denn auch der achtjährige Hansimann ist von dem neuen Vater sehr angetan. Aber was sie nun da alles an den Hacken hat, geht ihr dann doch ein bisschen über die Hutschnur. Einen bis jetzt sehr vernünftig wirkenden, aber anscheinend doch stark abbauenden Schwiegervater, eine geschiedene, täglich anrufende Schwiegermutter sowie eine um die Ecke wohnende Schwägerin, die dauernd ohne Anmeldung plötzlich vor der Tür steht, angeblich um ihr Trost zu spenden, weil ihr lieber Bruder mehr denn je auf Geschäftsreisen ist. Aber sie braucht keinen Trost, sie will einfach ihre Ruhe haben.

Wieder zu Hause, ruft sie nach ihrem Sohn. »Hansimann, komm doch bitte mal. Ich möchte was Wichtiges mit dir besprechen.«

Hansimann tut einen tiefen Seufzer. Er ist ein netter gutherziger Junge, der sich ganz der Magie verschrieben hat und auch Vampire klasse findet. Er will später unbedingt Zauberkünstler werden und ist gerade wieder einmal dabei, etwas auszutüfteln – und nun schon wieder seine Mutter! Wenn sie diese lyrische Stimme hat, ist meist Holland in Not, und er soll den Tröster spielen. Widerwillig setzt er sich in Bewegung.

Und es kommt wie vorausgesehen. Mit Tränen in den Augen spricht sie über seinen neuen Opa, an und für sich ja ein wirklich netter und mit sich und der Welt zufriedener Mensch, aber nun doch irgendwie verändert und sehr, sehr unglücklich. Der nun auch, denkt der Achtjährige, das Wort unglücklich ist ihm nur allzu vertraut. Meist ist es seine Mutter, wenn er sein Zimmer nicht aufgeräumt hat. Gerne würde er zu Harry Potter und seinen Zauberkünsten zurückkehren, aber dann streichelt er doch ihre Hand und sagt, mit den Gedanken ganz woanders: »Er wird sich schon wieder berappeln.«

»Er hat eine Vase an die Wand geschmissen«,

ruft die Mutter mit tränenerstickter Stimme, »eine kostbare Vase. Ich mache mir ehrlich Sorgen. Ach, wie soll das alles enden?«

»Alles hat ein Ende, nur die Wurst hat zwei«, sagt der Sohn reflexartig, ein immer wieder wirksamer dummer Witz, der die Mutter meistens zum Lachen bringt. Doch da das diesmal nichts hilft, lässt er sich breitschlagen, den alten Mann zu besuchen.

»Aber bitte, bitte«, ermahnt ihn die Mutter, »sag nichts von der kaputten Vase. Heitere ihn ein bisschen auf und bring ihn mal dazu, dass er etwas zeichnet, eine Uhr, die zehn nach elf anzeigt.«

Jetzt ist sie völlig übergeschnappt, denkt der Junge und sieht sie ungläubig an. »Warum das denn?«

»Daran kann man feststellen, ob das Gehirn noch ganz in Ordnung ist.«

Der Junge schüttelt den Kopf. »Mama, du spinnst!«

Hansimann macht sich also auf den Weg. Er hat seinen neuen Opa sehr gern. Zwar ist er ja wohl wirklich schon sehr alt, hundert oder so, aber er erzieht nicht an ihm rum, interessiert sich für alles, was er ihm erzählt, und hat ihm sogar ein paar Kartenkunststücke beigebracht. Und der soll jetzt plötzlich einen Schatten haben?

Der alte Mann freut sich sichtlich, seinen neuen Enkel zu sehen, und scheint unverändert. »Mensch, Opa«, ruft Hansimann, »du hast 'ne Vase an die Wand geschmissen? Klasse!«

Der Studienrat lacht. »Aber nicht nachahmenswert«.

Sie verbringen einen sehr vergnügten Nachmittag, reden viel über Harry Potter und Zauberei, aber auch über Vampire. Der Junge will wissen, ob Vampire nur ein Ammenmärchen sind. »Keineswegs«, sagt der alte Mann und fährt belehrend fort, wie in der Zeit, als er noch Lehrer war: »Eigentlich sind das blutsaugende Fledermäuse in Südamerika, die schlafende Tiere, meist Kleinvieh, mit ihren Zähnen verletzen, aber im übertragenen Sinne sind es auch Menschen, die Kriege anzetteln, um an gelieferten Waffen reich zu werden, oder auf dem Schulhof Drogen verkaufen lassen und damit viel Geld verdienen. Sie nennt man dann auch Blutsauger.«

Hansimann findet das hochinteressant, aber ein sanftes Schnarchen verrät ihm, dass er auf weitere Fragen keine Antwort mehr bekommen wird. Er kennt das schon. Dieser neue uralte Großvater braucht natürlich zwischendurch immer mal eine Mütze Schlaf. Danach ist er dann wieder topfit. Während er geduldig wartet, bis der Großvater sein Nickerchen beendet hat, fällt ihm ein, dass seine Mutter irgendwas von dem Opa wissen will. Was kann das nur gewesen sein? Er ärgert sich nicht nur, dass er es vergessen hat, sondern ebenso über seine Mutter, die ihm richtig auf den Keks geht.

Kaum ist der Opa erwacht, beklagt sich Hansimann wortreich über sie. »Und dauernd ist was. Vielleicht hat sie ja Alzheimer oder so.«

Der alte Mann lacht. »Junge, deine Mutter ist gerade mal dreißig.«

»Na und? Trotzdem tickt sie manchmal nicht mehr richtig. Und das Schlimmste«, sagt er im klagenden Ton »ich soll unbedingt was mit dir machen und hab vergessen, was.«

»Es wird schon nicht so wichtig gewesen sein«, beruhigte ihn der Großvater.

»Nicht wichtig? Für meine Mutter ist alles und jedes wichtig. Sie hat sie wirklich nicht mehr alle.«

»Du könntest das ja mal testen«, sagt der

Großvater und lacht. »Du lässt sie eine Uhr zeichnen, auf der es zehn Minuten nach elf ist. Daran erkennen Neurologen unter anderem, ob, wie du dich ausdrückst, jemand sie noch alle hat.«

Hansimanns Augen leuchten. Er schlägt sich mit der flachen Hand an die Stirn. »Natürlich, das war's, Opa, was ich mit dir machen sollte!«

Probleme, Probleme

Selbst wir Uralten machen gern mit, was zurzeit »in« ist, und so verwenden auch wir Begriffe, die uns in Kindheit und Jugend fremd waren. Ich kann mich jedenfalls nicht entsinnen, dass ich je gefragt worden bin: »Was ist los mit dir? Hast du Probleme?« Nein, Probleme kannten wir nicht. Wir hatten keine, sondern steckten höchstens in Schwierigkeiten oder, wenn es ganz schlimm kam, in der Bredouille. Wir machten auch keine, wir waren einfach schwierig. Wenn uns Kindern was nicht passte, wir keine Lust hatten, einen Diener oder einen Knicks zu machen oder das für Großmutters Geburtstag mühsam eingepaukte Gedicht aufzusagen, brachte uns ein von der Mutter drohend ins Ohr geflüstertes »Werd jetzt bitte nicht schwierig!« wieder zur Räson.

Aber heute muss dieses Einheitswort »Problem« für alles herhalten, auch bei uns. Wir sind nicht schwerhörig, sondern haben Probleme mit den Ohren, und wir haben keine Rückenschmerzen, sondern Rückenprobleme. Der Nachwuchs fragt kopfschüttelnd: »Wo liegt das Problem?«, wenn wir über klemmende Türen und Fenster klagen, schlecht schleudernde Waschmaschinen, Schubladen, die sich nur noch unter Schwierigkeiten öffnen lassen, oder einen Teppich, der anfängt, sich zu wellen. All diese Probleme, finden sie, ließen sich doch kinderleicht abstellen. Aber wir sind der Meinung, dass ihnen ebenso wenig beizukommen ist wie dem Problem mit unserem immer rundlicher werdenden Körper, vor allen Dingen an den Stellen, die die Verkäuferinnen taktvoll »Problemzonen« nennen, mit unserem schütteren Haar, das sich nicht mehr so recht zu einer Frisur kämmen lässt, der zunehmenden Lust auf Süßigkeiten und mit den Füßen, die in keinen eleganten Schuh mehr passen.

Die Familie wiederum bekommt Probleme mit unserer ewigen Besserwisserei, unserer Ungeduld und unserem, wie man findet, mangelnden Verständnis für ihre Probleme.

Was nun die Gesundheit betrifft, unser größtes Problem, haben sich zwar Nachbarn, Freunde und Angehörige auf bestimmte Maleschen eingestellt, aber bei denen sollte es auch möglichst bleiben, finden sie und sind unangenehm überrascht, wenn sie plötzlich von völlig neuen Gebrechen hören. Aber uns geht es genauso, die Gebrechen sind plötzlich einfach da – »Hallo, hier bin ich, dein neues Problem!« Die Nachbarn bleiben bei der Schilderung dieser Neuigkeit höflich, die Freunde bemühen sich um Verständnis, aber die Familie liebt nun einmal das offene Wort.

»Mama«, sagt die inzwischen auch schon siebzigjährige Tochter unwirsch, »gestern hast du dich noch bitter beklagt, dass wir dich nie irgendwohin mitnehmen. Und jetzt will ich mit dir nur mal in die Stadt fahren, und du sagst, es wird dir zu viel. Und überhaupt, was heißt das, du hast es im Kreuz? Das hat doch jeder mal. Ein bisschen Ablenkung von deinen Problemen wäre nur gut.«

Teils, teils, denken wir und mühen uns weiter mit dem Beipackzettel des Medikaments ab, das uns der Arzt für unser neues Gebrechen verschrieben hat. Zwar hat er gesagt, es sei ein sehr gutes Mittel und die Nebenwirkungen seien unerheblich. Doch diese Aussage ist ein wenig unergiebig. Der Beipackzettel muss her. Erstes Problem: Ich bin eine halbe Stunde damit beschäftigt, wegen der winzigen Schrift meine Lupe zu suchen, ehe ich mich in die Anweisungen vertiefe. Die therapeutischen Möglichkeiten sind breit gefächert, doch – ein zweites Problem – ich verstehe nicht ein einziges Wort. Danach lande ich bei den Nebenwirkungen. Sie sind, wie ich finde, nicht von Pappe, zum Beispiel: orthostatische Regulationsstörungen, zu deutsch Schwindelgefühle bzw. Schwarzwerden vor Augen beim Übergang vom Liegen zum Stehen, oder zentralnervöse Störungen wie Krämpfe, Benommenheit, Verwirrtheitszustände, Teilnahmslosigkeit, Bewusstseinsstörung. Hierfür werden mir auch die Gegenmaßnahmen mitgeteilt, die ich ergreifen soll. Als Erstes muss ich natürlich den behandelnden Arzt informieren, damit er die Behandlung abbrechen kann. Er wird entzückt sein, denn die Zeit eines Arztes für seine Patienten wird bekanntermaßen heutzutage karg bemessen. Aber – noch ein Problem – wenn er nun gerade im Urlaub ist? Bei den Nebenwirkungen verwendet die Pharmaindustrie gern das Wort »gelegentlich«: Gelegentlich kann es zu Potenzstörungen kommen. Wie gut, dass Männer niemals so etwas wie Beipackzettel lesen. Entweder sie nehmen die Medizin oder schmeißen sie gleich weg. Bei vielen Medikamenten huldigt man auch dem Jugendkult und lässt Uralte und Kinder, was die Dosierung betrifft, in einem Boot sitzen.

Was tun nun wir überforderten Patienten, damit zwischen all den verschiedenen Medikamenten in Magen und Gedärm kein Krieg ausbricht, sondern sie sich allesamt friedlich, wie es sich gehört, auflösen, um ihre Pflicht zu tun? Wir, besonders wir Frauen, versuchen keine Aufklärung zu versäumen, die uns das Fernsehen im medizinischen Bereich bietet. Konzentriert hören wir uns die Leidensgeschichten fremder Kranker an. Wir lauschen interessiert, wie sie schmerzgeplagt von Arzt zu Arzt gewandert sind, bis der eine Patient endlich an diesen wunderbaren Professor geraten ist, der feststellen konnte, was ihm fehlte. Er litt an einer Krankheit, die es bis dahin nur ein einziges Mal auf der Welt gab. Und das hat nun dieser freundlich lächelnde Professor herausgefunden. Ein Mensch wie du und ich! Der Glaube an die Medizinmänner kehrt sofort zurück, aber die Kontaktaufnahme mit ihm über dieses www.de ist problematisch, denn zum Internet haben wir leider keinen Zugang. In solchen Momenten lehnen wir uns in unserem bequemen Lehnstuhl zurück und sagen vor uns hin: »Siehste, genau dieselben Symptome haste auch.«

Glücklicherweise hat uns die Natur mit reichlichen Möglichkeiten, beschädigt zu werden, ausgestattet, so dass wir unsere gleichaltrigen Freunde und Verwandten nicht ständig mit den Schilderungen von Krankheiten, die sie selber auch haben, nerven müssen. Nur in den öffentlichen Parks lassen sich die Erfahrungen ein und desselben Leidens austauschen, ohne dass man das Gefühl hat, der Zuhörer werde spätestens nach drei Minuten die Flucht ergreifen. Die Ratschläge, die man sich gegenseitig gibt, werden gern entgegengenommen. Man bekommt Tipps über gute und schlechte Röntgeninstitute – bei dem ist immer irgendein Apparat kaputt –, Ärzte – der ist gut, aber ein Muffelkopf –, Kliniken – da hat man ja noch das Gefühl, man müsste sogar der Putzfrau die Füße küssen – und Pflegedienste – meinen kann ich Ihnen sehr empfehlen, es sind entzückende Mädchen aus Vietnam und Korea. Wenn man sich trennt, wünscht man sich gute Besserung und hat das angenehme Gefühl, sich so manches von der Seele geredet zu haben. Wir Alten sind ja sehr sensibel und wollen auf keinen Fall in der Familie als ewig Klagende abgestempelt werden.

Ein Problem jedoch, das wir mit bestimmten Menschentypen haben, ist generationsübergreifend: die Antipathie gegen jene, bei denen alles richtig läuft. Da sind sich Jung und Alt einig, diese Typen sind unausstehlich! Aber es gibt sie in fast jeder Familie. Sie sind zur richtigen Zeit geboren, bei den richtigen Eltern aufgewachsen, haben die richtigen Schulen besucht, den richtigen Beruf gewählt, den richtigen Partner gefunden und können nun wieder auf fabelhafte Kinder und Enkelkinder stolz sein, weil bei denen ebenfalls alles richtig läuft. »Wo also«, fragen sich Familie und Freunde ratlos, »liegt das Problem?« Es liegt in der Tatsache, dass man Menschen dieser Art nur ungern längere Zeit um sich hat. Obgleich man sie doch nur loben und als vorbildlich bezeichnen kann. Aber wenn sie länger als einen Tag zu Besuch sind, gibt es häufig einen richtigen Krach, von dem hinterher niemand so recht weiß, worüber man sich eigentlich gezankt hat. Das sind Momente, in denen wir Hochbetagte uns vielsagend ansehen und die verstörte, über sich selbst entsetzte Familie trösten: »Dieses Problem ist leider unlösbar.«

Manchmal, merkwürdigerweise oft an schönen Tagen, wenn um die Bank herum, auf der wir sitzen, alles blüht und grünt, also zu einem sehr unpassenden Zeitpunkt, öffnet unser Gedächtnis unsere persönliche Büchse der Pandora und vergiftet uns den Tag, teils mit dem, was wir alles falsch gemacht haben, teils mit unerfreulichen Erlebnissen, bis mir eine energische Stimme ins Ohr zu flüstern scheint: »Kind, werd jetzt nicht auch noch schwierig!« Ich tue einen tiefen Seufzer. Über meine Bank fällt ein Schatten, ich blicke auf, vor mir steht eine junge Frau vom Pflegedienst, der ich häufig in unserem Fahrstuhl begegne. Besorgt fragt sie: »Kann ich Ihnen helfen? Haben Sie ein Problem?« Ich lächle etwas verlegen. Ein großes. Ein selbstgemachtes.

Müllers Esel …

Aus heutiger Sicht herrschte bei uns Steinzeitkindern ein bedauerlicher Mangel an pädagogischer Betreuung, besonders in der Dorfschule, in der die Lehrer in manchen Orten noch drei Klassen in einem Raum unterrichten mussten. Die Rangordnung aber war überall gleich: Grundsätzlich hatten wir uns nach dem Lehrer und nicht er sich nach uns zu richten. Er war eine Respektsperson, und wir mussten, wenn wir dran waren, selbstverständlich aufstehen. Auf dem Lande wurden die Älteren gelegentlich abkommandiert, ihm in seinem Garten zu helfen. Er war nicht gerade zimperlich, aber er hatte wiederum auch viel Verständnis, wenn manche der Größeren in der Erntezeit im Unterricht einschliefen. Die Landwirtschaft geht vor, war seine Devise.

Das kleine Einmaleins brachte man uns gern anhand von Sprüchen bei: »Zweimal vier ist acht, der Storch hat's Kind gebracht – dreimal vier ist zwölf, im Mondschein tanzt der Elf – sechsmal sechs ist sechsunddreißig, ist der Mann auch noch so fleißig und die Frau ist liederlich, geht die Wirtschaft hinter sich.« Und beim Schreiben murmelten wir: »Rauf, runter, rauf und ein Pünktchen drauf.« Auch gesungen wurde viel: »Es klappert die Mühle am rauschenden Bach« – »Das Wandern ist des Müllers Lust« – »Geh aus, mein Herz, und suche Freud«. Und unser Gehirn wurde mit dem Auswendiglernen von Gedichten trainiert: »War einst ein Kind, das wollte nicht zur Kirche sich bequemen.«

Später ging es in Liedern und Gedichten kriegerischer zu. Da mussten wir die blauen Dragoner reiten lassen und sangen: »Wir reiten und reiten und reiten und hören von fern schon die Schlacht. Herr, lass uns stark sein im Streiten, dann sei unser Leben vollbracht.« Mit dem Reiten hatte man es damals anscheinend sehr, dabei hatte von uns Landkindern nicht mal jeder eine Ziege im Stall. Auch fing in den meisten Liedern der Tag immer sehr früh an, weshalb ich in das fröhliche »Denn die Morgenröte, das ist unsere Zeit« nicht so recht von Herzen einstimmen konnte.

Man nannte uns Schulanfänger kriegerisch »Abc-Schützen«, und wir mussten warten, bis wir kostbares Papier mit Federhalter und Tinte bekritzeln durften. Wir schrieben noch mit Kreide auf herrlich quietschenden Schiefertafeln, und man brauchte, wenn man das Schwämmchen zum Wegwischen vergessen hatte, sehr viel Spucke. Die Ermahnungen der Erwachsenen waren meist militärisch kurz: »Halt den Mund, kämm dir die Haare, wasch dir die Hände.« Besonders beliebt war das Wort Marsch: »Marsch ins Bett!« – »Wenn Vater nach Hause kommt, wird er dir mal ordentlich den Marsch blasen!« Wahrscheinlich fanden wir es deshalb auch wenig anstößig, in späteren Jahren das Lied zu schmettern: »Wir werden weitermarschieren, wenn alles in Scherben fällt.« Und das tat es dann ja auch.

Es gab damals eine Frauenwelt und eine Männerwelt. In der Kirche saßen die Frauen links vom Mittelgang, die Männer rechts. Bei uns Kindern jedoch vermischten sich diese Welten, besonders wenn Streitereien ausgetragen wurden. Oft waren die Mädchen die Stärkeren und im Austeilen nicht zimperlich, schwammen sie besser, rannten sie schneller, schnippten sie als Erste in der Klasse mit dem Finger, wenn eine Frage gestellt wurde, und führten sie das große Wort. Noch schmunzelten die Väter darüber wohlwollend, aber damit war es vorbei, als die Himmelsmacht der Liebe ins Spiel kam. Da verwandelte sich das gutmütig hingesprochene »musst nicht« in den Befehl »Ich verbiete dir!«: »Ich verbiete dir ein für alle Mal, dich mit diesem Kerl zu treffen!« Und was lehrte dieser väterliche Zorn die Töchter? Mit Geduld und Spucke fängt man eine Mucke! Die Taktik wurde gewechselt, Väterchen mit bewundernden Worten eingewickelt und sich weiter mit dem »Kerl« getroffen.

Kaum dass man einen Teller überhaupt halten konnte, hieß es: »Kinder sind zum Helfen da.« Das bestand für uns auf dem Lande nicht nur darin, den Tisch zu decken, abzuwaschen, das Staubtuch in die Hand gedrückt zu bekommen, sondern auch auf dem Hof zuzupacken, was nicht immer ganz einfach war, schon wegen der Angst vor den Gänsen, die man in den Stall zu treiben hatte, wobei man nie wusste, wer eigentlich wen trieb. Da sammelte man doch lieber

Brennnessel für die Gänseküken. Unser Spielzeug war meist selbstgefertigt. Der Flitzbogen, die dazugehörigen Pfeile, das Katapult, das Borkenschiffchen, die kleine Windmühle. Nicht nur wir vom Lande lernten, dass man aus allem, was zum Wegwerfen bestimmt war, wie alte Zeitungen, Pappschachteln, Zigarrenkisten oder Wollreste, noch etwas zaubern kann. So waren wir in den Wintermonaten mit Basteln, Kleben, Ausschneiden, Häkeln, Stricken und Bemalen beschäftigt. Und die hergestellte Lumpenpuppe wurde genauso geliebt wie ein Prachtexemplar von Käthe Kruse. Auch bei den Wohlbetuchten mit reichlich Platz war es nicht Sitte, dass jedes Kind ein Zimmer für sich hatte, schon wegen des Heizens im Winter.

Als wir gerade dabei waren, endgültig aus dem Nest zu schlüpfen, gab es Krieg. Zunächst waren wir von den vielen Siegen ganz berauscht, doch damit war endgültig Schluss, als die Todesanzeigen der Gefallenen mehr und mehr Platz in den Zeitungen einnahmen und die »Heimatfront« mit Bombenangriffen eingedeckt wurde. Wir lernten, uns in dem ganzen Kuddelmuddel von zunehmenden Fliegerangriffen, Evakuierungen, ständigen Kontrollen und beim Kriegsdienst für uns Frauen, so gut es ging, durchzuschlängeln, wohl wissend, dass unsere Chancen zu überleben immer noch größer waren als die der Soldaten an den vielen Fronten. Irgendwann, trösteten wir uns, ist auch das Schlimmste vorbei.

Darauf allerdings mussten wir bekanntlich sechs Jahre warten, und als endlich das Wort »Frieden« wieder im Sprachgebrauch Fuß fasste, bedeutete das leider nicht für alle etwas Positives. Zwar, Bomben fielen nun nicht mehr, und die Waffen schwiegen, aber für Ströme von Menschen, die aus ihrer Heimat fort und ein neues Zuhause suchen mussten, war das Elend damit nicht vorbei. Wer alles verloren hatte – egal, ob durch Bomben, Flucht oder Vertreibung –, konnte nicht immer mit Verständnis rechnen. »Des Hauses Ehr ist Gastlichkeit« galt nicht überall. Wir lernten, dass in Notzeiten die Bürokratie seltsame Blüten treibt und dass, wenn neunundneunzig Prozent der Menschen um einen herum Unvorstellbares erlebt haben, es besser ist, über sein eigenes Unglück zu schweigen. Wir machten die Erfahrung, dass im engen Zusammenleben auch ein »Gutmensch« schnell die Geduld verlieren kann. Wir genierten uns nicht, uns unserer eigenen Kinder zu bedienen, wenn es die Umstände erforderten, und sie vorzuschicken, wenn Milch oder Lebensmittel zu ergattern waren. Das fünfjährige blonde Engelsgeschöpf, klapperdürr, aber mit riesigen blauen Augen und langen Wimpern, wusste, was Sache war, wenn es sein dichtes blondes Haar offen tragen musste und nicht in praktischen festen Zöpfen. Folgsam trottete es los, um sich mit seinem Milchkännchen brav ans Ende der langen Schlange vor der Milchausgabe der Amerikaner zu stellen. Das Unschuldskind hatte jedoch längst begriffen, worauf es ankam. Sobald es das Ende der Schlange erreicht hatte, fing es an, jämmerlich zu schluchzen und leise nach seiner Mutter zu rufen. Nach einigem Hin und Her und der Fragerei: »Was ist mit dir?«, »Was ist mit dem Kind?«, »Hör auf!«, »Was soll das?«, gestattete man ihm mitleidig, ganz nach vorn zu gehen. Mit einem vollendeten Knicks reichte die Kleine dem amerikanischen Sergeant die Milchkanne. Er lächelte gerührt und füllte nicht nur das Gefäß, sondern drückte ihr auch eine Tafel Schokolade in die Hand. Wieder zu Hause, wurde sie zwar gelobt, aber die Schokolade gleich einkassiert. Ihren Wutausbruch: »Es ist *meine* Schokolade! Er hat sie *mir* geschenkt!«, nahm man mit einem freundlichen Nicken zur Kenntnis. »Ja, ja, nun beruhige dich mal! Du weißt doch, wir sind eine Familie, und mit der teilt man sich alles. Oder willst du, dass deine Geschwister leer ausgehen?« Das im Laufe der Jahre recht rundlich gewordene, längst zur Großmutter avancierte Engelsgeschöpf hat diese Ungerechtigkeit bis heute nicht verwunden. »Es war *meine* Schokolade!« Leider ist das Interesse der Enkelkinder an dieser traurigen Geschichte nicht mehr allzu groß.

Nachdem wir das, was hinter uns lag, einigermaßen verdaut hatten, nahmen wir uns die berühmten Heinzelmännchen zum Vorbild. Wir »rupften und zupften, hüpften und trabten, putzten und schabten«. Und dann, wer hätte das gedacht, war das Wirtschaftswunder vollbracht. So jedenfalls denkt es die junge Generation sich oft, war es aber leider nicht. Trümmerfrauen, Kriegerwitwen und Heimkehrer und auch wir anderen Uralten können ein Lied davon singen, wie hart die Nachkriegsjahre waren. Und deshalb sind wir heute ganz verwundert darüber, dass selbst wir eine gewisse Ähnlichkeit mit dem »Fischer sin Fru« bekommen haben und ganz gern unzufrieden herumjaulen.

So hat also alles ein bisschen länger gedauert, als es im Rückblick aussieht, und erst recht, bis wir unsere europäischen Nachbarn besuchen konnten. Wir aalten uns auf ihren wunderbaren Stränden und genossen das herrliche Wetter, das uns leider meist wichtiger war, als etwas für unsere Bildung zu tun und uns den zahlreichen Kulturgütern zu widmen. Und auch Spaghetti und Pizza waren schließlich nicht das Einzige, was Italien zu bieten hatte. Mit Fremdsprachen taten wir uns weiterhin schwer. Deshalb wurde bei jedem Interview von dem jeweiligen Reporter stolz berichtet: »Ich sprach englisch mit ihm.«

Doch was wir so lange entbehren mussten, wurde nun zum Thema Nummer eins: das Essen. Zunächst achteten wir kaum darauf, was wir an Kalorienbomben so in uns hineinstopften. Sahnetorten und Gebratenes waren Trumpf. Dabei hatte es einen eher bescheidenen Braten in unserer Kindheit und Jugend allerhöchstens einmal in der Woche gegeben. Jetzt aber konnten die Steaks gar nicht groß genug sein. Wir gingen auf wie die Hefeklöße. Trotzdem störte es uns nicht, an fremden Stränden im Bikini herumzustolzieren, und wir dachten uns nichts dabei, dass diese Badebekleidung den Namen des Atolls trug, auf dem man die Atombombe ausprobiert hatte.

Manchmal vergaßen wir im Westen, dass es reine Glückssache war, auf der richtigen Seite des Vaterlandes gelandet zu sein. Obwohl wir aus einer Diktatur kamen, fanden wir sehr schnell ganz selbstverständlich, dass man in einer Demokratie so viel meckern kann, wie man will, und seine Worte nicht auf die Goldwaage legen muss. Ebenso selbstverständlich nahmen wir den Lastenausgleich für Flüchtlinge und Bombengeschädigte entgegen, empfanden aber diese Art von Gerechtigkeit auch lobenswert. Ein bisschen Schummeln beim Ausfüllen der entsprechenden Fragebögen galt nicht als ehrenrührig, für uns lag die Wahrheit in der Mitte. Wer hatte schon eine Kate besessen – ein Bauernhof war es allemal. Und was die Schlösser betraf, da konnte es jedes einzelne durchaus mit Versailles aufnehmen. Mit steigendem Wohlstand warfen wir einige Tugenden über Bord, ließen uns bei jeder Gelegenheit krankschreiben und gingen, wie es damals so schön hieß, »auf Kur«, bei der man es sich sechs Wochen lang in den wie Pilze aus dem Boden schießenden Sanatorien wohl sein lassen konnte.

Und jetzt sind wir alt, sehr alt. Wir schütteln gern den Kopf über anscheinend Verlorengegangenes, wie Zuverlässigkeit, Fleiß und Bescheidenheit, was uns aber keineswegs davon abhält, unsere Enkel und Urenkel maßlos zu verwöhnen. Je nach Stimmung zeigen wir, wie es sich gehört, Entsetzen über die Vergangenheit, oder wir verklären unsere Kindheit und Jugend.

Während ich durch den nahe gelegenen Park spaziere, bin ich gerade dabei, genau das zu tun. Mag sein, dass die Kinder von damals nicht die Rolle spielten wie heute, es Diskussionen nicht gab – »Kinder sieht man, aber man hört sie nicht« – und man sich über ihr Seelenleben kaum den Kopf zerbrach, was während der Kriegszeit auch nicht möglich war. Aber zu viel Verständnis, wie es heute oft geübt wird, scheint ebenso wenig der richtige Weg zu sein. Eine Mutter, die stundenlang zu erklären versucht, warum der Mensch seinen Schlaf braucht, anstatt den widerspenstigen Liebling energisch ins Bett zu expedieren, und es womöglich mit der Masche »Ich bin ganz traurig über dich« versucht, erreicht höchstens, dass sie angeschrien wird: »Raus aus meinem Zimmer!« Wir dagegen, die wegen unserer Missetaten nachsitzen und neunundneunzigmal schreiben mussten, wohlgemerkt in Schönschrift: »Was du nicht willst, das man dir tu, das füg auch keinem andern zu«, und dann zu Hause ein zweites Strafgericht zu erwarten hatten, wussten immer, was die Glocke geschlagen hatte.

Zugegebenermaßen sind die Kinder von heute uns Uralten in manchem sehr hilfreich, wenn uns die Technik in unseren Geräten mal wieder völlig verwirrt, wir beim Lesen der Gebrauchsanweisungen nur noch Bahnhof verstehen, alles durcheinanderbringen und einen »iPod touch« für etwas Unanständiges halten. Trotzdem bedaure ich, dass dieser wirblige Nachwuchs unsere Spiele kaum noch kennt oder sich wenig für Abzählreime interessiert wie »Ich und du, Müllers Kuh, Müllers Esel, das bist du«. Ebenso hört man die heutigen Kinder eher selten singen und pfeifen. Fixer im Denken sind sie allemal und sitzen außerdem, kaum das Laufen gelernt und noch den Nuckel im Mund, beschützt von einem riesigen Helm auf einem Fahrrad und strampeln durch die Gegend.

Während ich so durch den Park streife, denke ich wehmütig: Eigentlich schade, dass in dieser schnelllebigen Zeit so viel verlorengegangen ist wie die Bezeichnung Abc-Schützen und Ratzefummel für den Radiergummi. In diesem Augenblick stellt sich mir ein Miniaturjäger mit großem Schlapphut und einem weitmaschigen dunkelgrünen Pullover und dunkelgrünen Strümpfen in den Weg. Warnend legt er seinen Finger auf die Lippen und flüstert mir zu: »Ich muss dir mal was zeigen!«

Ich folge ihm neugierig ins Unterholz. Vor uns liegt ein Baumstamm, und auf dem Stamm hüpft ein junger Vogel herum. »Das ist ein Eichelhäher«, belehre ich den Jungen.

Der grinst. »Weiß ich doch.«

»Den darfst du nicht anfassen«, fahre ich erzieherisch fort, »sonst wollen seine Eltern nichts mehr von ihm wissen.«

»Weiß ich doch«, sagt der Junge mit einer Spur von Ungeduld.

»Aber weißt du auch«, frage ich lehrerinnenhaft, »zu welcher Vogelart der Eichelhäher gehört?«

Das Kind seufzt. »Na klar. Er gehört zu den Krähen.«

Ich bin ganz baff über seine Kenntnisse. Eine elegante, abgehetzt wirkende junge Frau nähert sich uns, anscheinend die Mutter. »Wo steckst du denn schon wieder?«, blafft sie das Kind an. »Wir müssen schleunigst nach Haus.«

»Hier war ein junger Vogel«, nehme ich ihn in Schutz.

Sie lacht kurz. »Manchmal denke ich, mein Sohn hat selber einen.« Sie sieht auf die Uhr. »Mein Gott, wie spät. Du hast heute deine erste Hockeystunde. Hast du das vergessen?«

»Keine Lust!«, sagt der Junge. »Ich will lieber zu Friederich.«

Wie ich von der aufgeregten Mutter erfahre, ist Friederich ein Förster, der ihn oft mit in den Wald nimmt. Er hat ihm anscheinend schon eine Menge beigebracht, und ich sage: »Du willst sicher mal Förster werden.«

Der Junge schüttelt den Kopf. »Bestimmt nicht. Ich werde Banker.«

Das verblüfft mich ja nun wirklich. »Wie kommst du denn auf die Idee?«, frage ich.

»Banker«, erklärt er mir, »machen eine Menge Geld, und das brauche ich für einen Naturschutzpark.«

»Jetzt aber marsch ins Auto«, sagt die Mutter.

Ich höre beglückt diesen altmodischen Ausdruck, aber eine Frage muss ich noch loswerden: »Kennst du vielleicht noch den Ratzefummel?«

»Na klar«, sagt der Junge. »So nennt mein Vater meine Uroma. Er sagt, sie radiert alles Unangenehme aus ihrem Leben weg.«

Auf dem Weg nach Hause denke ich: Was für ein interessanter Nachmittag, eine Urgroßmutter, die Ratzefummel genannt wird, und ein Junge, der das Nützliche mit seinem Steckenpferd verbindet. Auf so eine kluge Idee wären wir in seinem Alter bestimmt nicht gekommen.

Tage wie diese

Im Allgemeinen sind geistreiche Gespräche zwischen Eheleuten meiner Altersgruppe am Frühstückstisch eher die Ausnahme. So auch bei diesem Ehepaar. Während sie den Kaffee aufgießt, ist er noch dabei, wie gewohnt die Zeitung zu durchblättern, in der bestimmte schwammige Begriffe wie »unfassbar«, »Nachhaltigkeit«, »Handlungsbedarf« und »Betroffenheit« dutzend Male vorkommen. Der Kaffee ist eingegossen. Die Brötchen sind aufgeschnitten, und schon kommt die übliche Frage der Ehefrau: »Hast du auch deine Tabletten genommen?« Und seine übliche Antwort: »Natürlich, was soll die Fragerei!« Doch die Ehefrau forscht weiter. »Auch die Pille, die du auf Privatrezept hast?«

Der Ehemann zuckt zusammen, und schon ist etwas in Gang gesetzt, was man als »Tage wie diese« bezeichnet. »Eben war sie doch noch hier.« Seine Finger tasten über das Tischtuch. Vergeblich. Diese Tabletten sind Luxus pur und haben pro Stück mindestens einen Wert von drei Flaschen Sekt bester Qualität, eine Kostbarkeit, die man sich nur gönnt, weil man auf große Sprünge wie weite Reisen, entweder aus gesundheitlichen Gründen oder wegen allgemein nachlassender Kräfte verzichten muss.

Dummerweise hat die Tablette dieselbe helle Farbe wie der Fußboden, die Fliesen, das Frühstücksgeschirr und das Tischtuch auf dem Küchentisch, an dem das Ehepaar seine Mahlzeiten einzunehmen pflegt. Die Sucherei beginnt nun ernsthaft.

»Hier ist sie!« Der Ehemann hält sie für Sekunden triumphierend in die Höhe, und schon enthüpft sie Daumen und Zeigefinger und ist wieder weg. »Futschikato«, wie er kleinlaut verkündet.

Die Reaktion der Frau lässt nicht lange auf sich warten. »Immer dasselbe!«

Die Suche beginnt von vorn. Beliebte Pillenverstecke sind Serviettenring, Untertasse, der Teller oder Obstkorb. Doch der Erfolg bleibt aus. Nun nimmt man sich den Fußboden vor. Mit einer Taschenlampe leuchtet man in alle Ecken und Ritzen. Zum Schluss muss der Besen her. Zwar fegt er eine Menge tablettenähnlicher

Krümel zusammen, doch die Wunderpille ist nicht dabei. Die Stimmung ist leicht gereizt, als man zum Frühstückstisch zurückkehrt.

»Glücklich ist, wer vergisst, was doch nicht zu ändern ist«, sagt er. »Ich lasse mir doch nicht von einer Tablette mein schönes Frühstück vermiesen.« Stellt gleich darauf jedoch die hochbrisante Frage: »Was ist das denn für ein Käse? Der schmeckt ja, als hätte er vier Wochen im Wasser gelegen!«

»*Deinen* Käse«, sagt die Frau, »gab es nicht. Ich finde, er schmeckt sehr gut.«

»Und die Marmelade?«, fragt er. »Gehört auch nicht gerade zu meinen Lieblingssorten.«

Dieser Vorwurf prallt an ihr ab. Sie sagt stattdessen nach einer kurzen Pause und ohne ersichtlichen Zusammenhang: »Bestimmt war es wieder Moritz.«

Er begreift sofort, dass die Pille gemeint ist. »Schieb nicht alles auf den Hund.«

Moritz ist ein Mischling, von kleiner Statur, aber mit großen Pfoten und fast auf dem Boden schleifenden Schlappohren. Er wird von beiden heiß geliebt, was sie nicht daran hindert, sich mit Schuldzuweisungen an das arme Tier gegenseitig auf die Palme zu bringen. In solchen

Momenten ist abwechselnd Moritz »dein Hund«, bei Lob »mein Hund« und eher selten »unser Hund«. Im Augenblick liegt der Liebling unter dem Küchentisch und kaut auf etwas herum. Bei den immer lauter werdenden Stimmen von Herrchen und Frauchen scheint er zu ahnen, dass es um ihn geht. Blitzschnell kriecht er unter dem Küchentisch hervor und verlässt die Küche.

Moritz ist nämlich tablettensüchtig. Da er alles frisst, was ihm essbar erscheint, und der Hausherr in seiner sorglosen Art Medikamente oft frei herumliegen lässt, ist er auf den Geschmack gekommen. Wieso, ist unerklärbar. Er wäre also ein wunderbares Versuchstier für die Pharmaindustrie, die allerdings bald in rote Zahlen geriete, weil alles, egal was es ist, bei ihm keinerlei Reaktion hervorruft. Das wiederum ist ein Glücksfall, denn Abführmittel, die womöglich nachts ihre volle Wirkung entfalten, könnten in der adretten Wohnung des Ehepaares viel Unheil anrichten. Eine Ausnahme allerdings bildete ein Schlafmittel, das Moritz eines Tages, als das Ehepaar mit ihm im Bus unterwegs war, in so tiefen Schlummer versetzte, dass sich das Ehepaar gezwungen sah, sofort und, des schlafenden Hundes wegen, im teuren Taxi umzukehren. Geradezu in Angst und Schrecken jedoch versetzte er sie, als er eines Nachts winselnd mit Schaum vor dem Maul an ihren Betten stand. Glücklicherweise stellte sich heraus, dass es sich diesmal lediglich um eine Brausetablette handelte.

Während das Ehepaar noch streitet, wo die Luxustablette geblieben sein könnte, geht das Telefon. Die Putzfrau ist krank und sagt ab. Die Ehefrau ist ganz gebrochen. »Eine Katastrophe!«

Jahrelang, als beide jung waren, hat sie wie ihr Mann Flucht, Bomben, Hunger, Kälte durchgemacht und vieles andere, was ein Mensch an Katastrophen erleiden kann und auch heute in vielen Ländern, Fortschritt hin, Fortschritt her, erleiden muss. Katastrophen gehörten zum Alltag.

Doch lang, lang ist's her. Und nun lebt das Ehepaar in einer Zeit, in der das Wort Katastrophe für jede Nichtigkeit herhalten muss, auch bei uns Alten.

Hier jedoch geht es, zumindest für die Ehefrau, um keine Nichtigkeit, denn die Hilfe ist weit mehr als nur das. Tanja ist eine Russlanddeutsche und besitzt eine große Familie mit handwerklich sehr geschickten Männern, die sie herbeibeordert, wenn bei dem Ehepaar Not am Mann ist. Sie hat das Ehepaar sozusagen adoptiert und putzt nicht nur, sondern erledigt alles, was den beiden zu schwerfällt. Sie wäscht, bügelt, kauft ein, holt Pakete von der Post und holt Getränke aus dem Keller, nimmt die Gardinen ab, bringt sie zur Reinigung und bezieht die Betten. Der Ausfall ist deshalb folgenschwer. Das Entgelt für Tanja und ihre Truppe bleibt in einer gewissen Grauzone, doch das ist dem Ehepaar egal. Der Staat hat ihnen genug Steuern abverlangt, wie sie meinen, und das kleine Vermögen ist seit dem Euro nur noch die Hälfte wert. Der Ehemann findet das Wegbleiben der Putzfrau halb so schlimm.

»Dann werden die Betten mal nicht frisch bezogen. Die Wohnung sieht doch recht ordentlich aus.«

»Überall Asche wegen deiner ewigen Raucherei«, erklärt die Hausfrau düster. »Und die Fenster müssten auch dringend geputzt werden. Den schweren Staubsauger können wir beide nicht handhaben. Womöglich muss Tanja ins Krankenhaus und fällt wochenlang aus.«

»Sei nicht immer so pessimistisch«, sagt der

Ehemann beschwichtigend. »Genießen wir lieber den herrlichen Herbsttag. Wir lassen alles, wie es ist, und fahren mit dem Dampfer über die Elbe. Moritz liebt doch Dampferfahrten. Wo steckt er überhaupt?« Der kleine Liebling hat seinen Namen gehört und steht erwartungsvoll schwanzwedelnd vor ihnen.

»Unsinn«, sagt die Ehefrau. »Der hat doch nur die ganze Zeit die Pfoten auf der Reling und starrt aufs Wasser.«

»Eben«, sagt der Ehemann. »Wasser fasziniert ihn. Also, was ist? Machen wir's, oder was hast du dagegen?«

»Nichts«, sagt sie. »Aber umziehen werde ich mich wohl noch dürfen?!«

Eine halbe Stunde später zuckeln sie, den Hund an der Leine, los. Hand in Hand, das haben sie sich von den jungen Leuten abgeguckt. Das im Alter etwas zusammengeschrumpfte Ehepaar hat fast dieselbe Größe und den gleichen etwas hüftsteifen, schaukelnden Gang.

Der Bus ist mit Senioren gefüllt, alle mit demselben Ziel, dem Dampfer. Rentner sind nun mal gern unterwegs. Auch auf dem Dampfer ist es voll, aber ein Plätzchen findet sich immer. Moritz hat sich selbständig gemacht und tut, was der Ehemann vorausgesagt hat: Pfoten auf die Reling und aufs Wasser geglotzt. Man genießt die angenehm warme Herbstsonne und den leichten Fahrtwind und unterhält sich mit anderen Senioren über den schlechten Zustand der Bürgersteige, die viel zu kurz geschalteten Ampeln und die Werbung an den Bushaltestellen, die immer so hängt, dass man die ankommenden Busse nicht sehen kann. Das Wetter bleibt weiterhin schön und die Herbstsonne weiterhin angenehm. Auf der anderen Seite angekommen, machen Ehepaar und Moritz einen kleinen Spaziergang. Dann fährt man wieder zurück. Während sich alles zum Aussteigen rüstet, fragt die Sitznachbarin das Ehepaar: »Hatten Sie nicht einen Hund dabei?«

Die beiden fahren zusammen. »Aber ja!« Und sich gegenseitig beruhigend: »Weit kann er ja nicht sein.«

Als lautes Rufen nichts hilft, versucht der Ehemann es mit schrillen Pfiffen. Vergeblich, kein Moritz weit und breit. In Kürze dreht sich das Gespräch aller Senioren nur um den Hund. Die Schwarzseher unter ihnen rechnen mit dem Schlimmsten. Bestimmt ist er bei der Schaukelei zwischendurch über Bord gegangen. Andere wiederum vermuten, dass er, kurz bevor der Dampfer startete, noch einmal ans Ufer zurückgelaufen ist. Dann würde ihn dort bestimmt jemand finden und bei der Polizei abliefern. »Schließlich ist ja die Telefonnummer im Halsband eingraviert«, meint der Ehemann und streichelt tröstend den Arm seiner Frau.

Aber da wird von einem der Pessimisten bereits eine dramatische Geschichte aufgetischt, in der ein Hund entführt wurde und für fünfhundert Euro ausgelöst werden musste.

Doch zum Schluss wendet sich, wie so oft, alles zum Guten. Moritz wird hinter einem Pappkarton entdeckt. Gähnend und wacklig auf den Beinen erhebt er sich. Die Ehefrau sieht ihren Mann vorwurfsvoll an. »Bestimmt hast du wieder deine Schlaftabletten auf dem Nachttisch liegenlassen!«

Nicht nur der Hund hat sich wieder angefunden, zu Hause kommt auch die Luxustablette wieder zum Vorschein. Sie hat sich unter einer Banane versteckt.

Die Ehefrau seufzt: »Nie guckst du richtig hin.«

Er grinst und ergänzt: »Immer dasselbe.«

Liebe Leute, lasst euch sagen

Wenn es früh dunkel und draußen ungemütlich wird und ich den Fernseher einschalte oder das Radio, kommt mir doch gelegentlich der Gedanke, wie meine Altersgenossen früher mit den langen Winterabenden fertig geworden sind. Auf jeden Fall haben sie nie die Nacht zum Tage gemacht, sondern sind mit den Hühnern ins Bett gegangen. Ruhestörungen gab es wenig. Die Kleinbahn hatte man außerhalb des Ortes stationiert, damit sie mit ihrem Gelärme die Pferde nicht erschreckte. Und so waren höchstens das Bellen eines Hundes, sich auf dem Dorfplatz bekriegende Katzen, der klagende Ruf des Käuzchens und der Spruch des Nachtwächters, mit dem er die Stunden ankündigte – »Liebe Leute, lasst euch sagen …« –, zu hören. Erst der Fortschritt machte dieser Idylle ein Ende.

Auch bei uns gab es, ebenso wie im gesamten Dorf, weder fließendes Wasser, elektrisches Licht noch Zentralheizung. Trotzdem hatten wir den Dorfbewohnern einiges voraus. Wir besaßen eine ziemlich voluminöse Spieluhr, eine Laterna magica und ein Grammophon, das wir an lauen Sommerabenden gern auf die Veranda schleppten, um dort, von Fledermäusen umkreist, vom Vollmond beleuchtet, Richard Tauber zu lauschen, der, von den Geräuschen der Nacht begleitet, »Dein ist mein ganzes Herz« sang. Seine Stimme verzauberte nicht nur uns, sondern ließ sogar den Chor der Frösche respektvoll für einen Augenblick schweigen, ehe er weiterquakte. Es störte uns bei diesem Genuss wenig, dass der große Sänger, wenn wir vergessen hatten, das Grammophon rechtzeitig neu aufzuziehen, mit einem Röcheln verstummte.

Dieser Apparat geriet jedoch vorübergehend ins Hintertreffen, als uns mein Bruder mit einem selbstgebastelten Detektor-Radio beglückte. Mutter schwärmte schon davon, dass sie nun gewissermaßen am kulturellen Leben der Reichshauptstadt teilnehmen konnte. Aber so viel mein Bruder auch an dem Apparat herumbastelte, außer einem fernen Rauschen war nichts zu hören. Dieses Gerät faszinierte mich und raubte mir den Schlaf. Als mir das gewaltige Schnarchen unseres Bernhardiners Möpschen, kundtat, dass auch meine Eltern ins Bett gegangen waren, schlich ich im Mondlicht zu Vaters Schreibtisch, auf dem das Radio stand, und stülpte mir den Kopfhörer über. Andächtig lauschte ich dem fernen Gezirpe. Dann geschah es, eine Stimme löste sich aus dem Geräuschsalat und sprach ernst, ja fast drohend: »Vergessen Sie nicht, Ihre Antenne zu erden.« Mit diesem Wunder konnten selbst der Osterhase, der Weihnachtsmann und das Christkind nicht Schritt halten.

Mitte der dreißiger Jahre hielt dann, sehr zu Vaters Missvergnügen, ein richtiges Radio Einzug, der sogenannte Volksempfänger. Zwar tröstete Vater sich damit, dass es immer noch besser war, ein Radio im Haus zu haben als ein Telefon, aber das hinderte ihn nicht daran, ständig anklagend zu rufen: »Mach doch mal jemand diesen Apparat aus!« – wobei der Jemand meist meine Mutter war.

In den Zeitungen wurde nun gern eine kinderreiche Familie abgebildet, die sonntäglich gekleidet um den Volksempfänger versammelt war und hingebungsvoll einer Stimme lauschte. Und wem lauschte sie? Unserm »geliebten Führer«. Allerdings benötigten wir für diesen Genuss eine Batterie und einen Akku, der alle paar Wochen in Rathenow aufgeladen werden musste. Dieser Umstand erwies sich später als sehr nützlich, denn man brauchte sich die vielen staatstragenden Reden nicht mehr anzuhören, weil man immer die perfekte Ausrede »Der Akku war gerade alle« parat hatte.

Dann aber machte ich noch eine andere, mindestens ebenso aufregende Bekanntschaft, nämlich mit dem Film. Diese Begegnung in für damalige Verhältnisse noch sehr jungen Jahren, verdankte ich meinen Eltern. Sie waren mit meinen Geschwistern verreist, und Mamsell zog es in die Gaststätte »Perle des Westhavellandes«, die auch als Kino diente, wollte mich aber nicht allein zu Hause lassen. Das war für mich die Sensation, aber auch für das ganze Publikum, denn es gab zum ersten Mal einen Tonfilm, »Die Heilige und ihr Narr«. Ehrlich gesagt, war ich weit davon entfernt, die Handlung auch nur im Geringsten zu begreifen. Ich kann mich nur noch dunkel erinnern, dass es sich um einen Ehemann handelte, der geschworen hatte, seine zarte, sehr junge Gattin nur platonisch zu lieben, und immer, wenn er sich der Heiligen zärtlich näherte und das Publikum dachte: nu aber!, wechselte das Bild und zeigte gurrende Tauben auf einem Dach. Die weiblichen Zuschauer waren tief ergriffen und zogen die Taschentücher, fauchten jedoch einen Augenblick später den Bauern, der kurz den Saal verlassen hatte, um nach seiner kalbenden Kuh zu sehen, und nun im Dunkeln seinen Platz suchte, wütend an, er solle sich endlich setzen. Denn der Schatten seines Oberkörpers verdeckte auf der Leinwand bei der nun laufenden Szene den zarten Busen der Heiligen.

Tief beeindruckt radelten Mamsell und ich, begleitet von dem klagenden Ruf eines Käuzchens, über den holprigen Waldweg wieder nach Hause. Dort angekommen, gab mir Mamsell recht deutlich zu verstehen, dass dieser Ausflug nicht für die Ohren meiner Eltern bestimmt war und ich den Mund zu halten hatte. Ich versprach es hoch und heilig, konnte aber, wie meist, mein Versprechen nicht halten. Als eine meiner älteren Cousinen zu Besuch kam und von all den wunderbaren Filmen schwärmte, die sie sich in Berlin angesehen hatte, fragte ich wichtigtuerisch: »Kennst du auch die ›Heilige und ihr Narr‹?« Damit blieb mein erster Film für Jahre auch mein letzter.

Später war es dann das Kino in Rathenow, das mich magnetisch anzog. Ein meist höchst langweiliger Kulturfilm erhöhte die Vorfreude auf den Spielfilm, besonders, wenn er nicht jugendfrei war, denn den suchenden Blicken der beiden im Vorraum des Kinos postierten Jungvolkführer zu entgehen, erhöhte den Reiz. Die beiden trugen auch im Winter und bei jedem Kältegrad selbstverständlich kurze Hosen, wie es sich für deutsche Jungen gehörte, und setzten einen mit geradezu sadistischem Vergnügen an die Luft, wenn man das vorgeschriebene Alter noch nicht erreicht hatte. An der Kasse war man dann großzügiger. Kunde war schließlich Kunde, und in den Nachmittagsvorstellungen hielt sich der Andrang sowieso in Grenzen.

In meine Tagträume schlichen sich nun gutaussehende junge Männer, wie der turbangeschmückte Schauspieler Frits van Dongen, dem ich in meiner Phantasie nicht am indischen Grabmal, sondern im märkischen Luch entgegeneilte. Wie La Jana, eine damals sehr beliebte Schauspielerin und Tänzerin, schwebte ich durch die Kiefernschonung, um Vater seine Handsäge zu bringen, die er zu Hause vergessen hatte. Dabei stolperte ich in ein Karnickelloch und humpelte mit verknacksten Knöcheln ernüchtert nach Haus.

Der Krieg bescherte uns in den Filmen dann reichlich Helden. Sie waren mit Orden bestückt und sprachen in militärischer Kürze: »Verstanden?« – »Jawohl, Herr Generaloberst.« – »Wegtreten!« Hochdekorierte Offiziere beugten sich mit baumelndem Ritterkreuz über ausgebreitete Landkarten, und Ordonnanzen flitzten hin und her. Doch wir, das dumpfe Volk, zogen Filme mit Marika Rökk und allem, was sonst noch so tanzte und sang, bei weitem vor.

Inzwischen war das Radio längst unentbehrlich geworden und blieb es auch nach dem Krieg, obgleich die Filmindustrie wieder mächtig zu blühen begann. Seine Hörspiele, in denen es oft melancholisch-poetisch zuging, konnten durchaus mit dem Theater konkurrieren. Doch dann kam das Fernsehen, wenn auch zunächst noch auf leisen Sohlen. Einen Fernseher zu haben war Lust und Last zugleich. Wer dieses Gerät besaß, konnte über mangelnden Besuch nicht klagen. Unerwartet wurde man der beliebteste Nachbar, vor dem man den Hut zog und den zu grüßen man den Kindern einschärfte. Ebenso wie bei den Vorführungen eines Films in der »Perle des

Westhavellandes« erhöhten unerwartete Zwischenfälle den Unterhaltungswert. In dem uns tief beeindruckenden Fernsehspiel »So weit die Füße tragen«, das die Flucht eines Kriegsgefangenen durch halb Russland zeigte, verschwand der Held plötzlich im Schneegestöber, obwohl der Handlung nach gerade Frühling war. Der Gastgeber seufzte, ruckelte ein wenig am Fernseher und sagte unter allgemeinem Mitgefühl: »Immer diese verdammte Antenne!«

Diese wundervolle Erfindung fand mangels Geld erst recht spät in meine Wohnung. Obwohl ich längst die Jugendjahre hinter mir gelassen hatte, geriet ich in fast die gleiche Verzückung wie als Kind bei der geheimnisvollen Stimme aus dem Detektor-Radio meines Bruders: »Vergessen Sie nicht, die Antenne zu erden!« Ich sah mir jede Werbung an, die mir geboten wurde, und starrte sogar versonnen auf das Testbild. Heutzutage gehört der Fernseher zum Alltag wie Elektrizität und Zentralheizung, und dies ganz besonders für uns Alte, die bis auf wenige Ausnahmen Computer und Internet zum Erstaunen der Enkel nicht mehr begreifen. Doch das Fernsehen dient uns nicht nur zur Unterhaltung. Es bietet auch reichlich Gelegenheit, sich mal so richtig auszumeckern: die Musik zu laut, zu viele nuschelnde Schauspieler und sich wichtig nehmende Moderatoren. Ach, es gibt so viel, was wir anders machen würden! Auf jeden Fall die Werbung, in der anscheinend das Wort Emanzipation noch unbekannt ist. Nach der Werbung zu urteilen, besteht ein Frauenleben immer noch zu einem Großteil darin, das richtige Shampoo zu finden, ständig zu prüfen, ob die richtige Feuchtigkeitscreme für die Körperpflege im Badezimmer steht, und vor Freude außer Rand und Band zu geraten, weil der Ehemann sie mit einer BahnCard beschenkt. Genauso hat es der Partner ihrer Freundin getan, damit die Mädels gemeinsam was unternehmen können. Die Männer dagegen sitzen in schnellen Autos, die sich sogar überschlagen können, ohne dass sie sich das Genick brechen, und fahren in rasantem Tempo über kurvenreiche Bergstraßen, ja sogar durch die Wüste. Und auch in so manchem Film geistert nach wie vor ein Dienstmädchen herum, das im schwarzen Kleid mit weißer Schürze die Haustür einer eleganten Villa mit parkähnlichem Garten öffnet und sagt: »Die Herrschaften sind verreist.«

Dem Radio jedoch sind wir weiterhin treu geblieben. Leider verschaffen mir meine Hörgeräte nicht den vielgepriesenen Musikgenuss, obwohl man, wie die Werbung weiterhin hartnäckig verspricht, damit besser hören kann als je zuvor. Aber egal. Schließlich hat es uns schon seit unserer Jugend begleitet. Mit ihm sind viele Erinnerungen verknüpft. Schöne und traurige, Zarah Leander und Rudi Schuricke wie die über Jahre tägliche Bekanntgabe der Namen von Suchkindern, die der Krieg eltern- und heimatlos zurückgelassen hatte. Und mein Vater, der, wie wir meinten, reichlich verspätet den Zugang zu dieser Erfindung fand und sie nach dem Tod meiner Mutter gern nutzte, sagte nun nicht mehr: »Mach doch mal jemand das Radio aus«, denn den Jemand gab es nicht mehr.

Nach mir die Sintflut

Mit das Schwierigste im hohen Alter, jedenfalls für mich, ist es, Entschlüsse zu fassen und sie dann auch durchzuführen, ohne sie gleich mit einem »Nein, heute nicht, morgen werde ich darüber nachdenken« wie eine heiße Kartoffel fallen zu lassen. Schon in Kindheitstagen herrschte bei mir chronische Entschlusslosigkeit, die meine Familie immer wieder auf die Palme brachte. »Nun gib dir mal einen Ruck«, sagte Vater, während Mutter mitfühlend meinte: »Kindchen, nun fass dir doch mal ein Herz.« Allerdings machte ich schon früh die Erfahrung, dass, kaum hatte ich mir den von Vater gewünschten Ruck gegeben, erst mal alles danebenging, woraufhin ich mir schwor: Nie wieder! Als meine Geschwister ein paar Stelzen geschenkt bekamen und abwechselnd damit die Dorfstraße rauf- und runterspazierten, sagte mein Bruder gönnerhaft zu mir: »Versuch 's doch auch mal.« Wie üblich dauerte es wieder eine halbe Ewigkeit, bis ich mich dazu durchringen konnte. Inzwischen war es fast dunkel. Als Erstes stolperte ich im Hof über eine Deichsel, und dann brachte mich Möpschen zu Fall, der meinen Weg wie immer rücksichtslos kreuzte und nun jaulte, als hätte ihm ein Jäger eine Ladung Schrot verpasst. Während ich heulend mein verschrammtes Knie betrachtete, sagte mein herzloser Bruder nur: »Haste aber Schwein gehabt, den Stelzen ist nichts passiert.« Über so viel mangelndes Mitgefühl packte mich die Wut, und siehe da, bald lief ich schneller als er, wenn auch ziemlich schwankend. Er schüttelte den Kopf und murmelte: »Ach, du meine Fresse.«

Später rieten mir meine Freundinnen dringend zu einer Dauerwelle, die aber damals eine ziemliche Tortur war. Nach tagelangen Überlegungen entschloss ich mich endlich dazu. Während ich mit Riesenwicklern und verdrahtet wie ein EEG-Patient gottergeben dasaß, gab es unerwarteten Fliegeralarm, von dem das Städtchen Rathenow bis dahin verschont geblieben war. Wir drei Dauerwellen-Mädels, die aufgereiht wie Hühner auf der Stange nebeneinandersaßen und in den Spiegel starrten, zeigten keineswegs jene vorbildliche Gelassenheit, wie es einer deutschen Frau und besten Kameradin des Soldaten an der Front geziemte. Im Gegenteil, es gab ein großes Gekreische, und jeder versuchte, sich der »Elektroden« zu entledigen, bis uns der Friseur mit einem energischen »Ich muss doch die Damen sehr um Ruhe bitten«, zu Hilfe kam und uns dann in den Keller scheuchte. Dort verbrachten wir etwa eine Stunde, bis es schließlich Entwarnung gab. Die feindlichen Flugzeuge hatten sich offensichtlich entschlossen, eine andere Stadt als Ziel zu nehmen. Mein Haar konnte weiterbearbeitet werden. Dummerweise ließ der Friseur es zu lange schmoren, so dass ich nach vollendetem Werk große Ähnlichkeit mit dem Struwwelpeter hatte. Die Eltern staunten, aber Vater sagte galant: »Von einem Struwwelpeter kann keine Rede sein. Ich finde, sie erinnert mich jetzt an den Großen Kurfürsten.«

Nach dem Krieg, so etwa in den sechziger Jahren, versuchte mich eine Kollegin zu überreden, mit ihr in ihrem neuerworbenen Auto nach Paris zu fahren. Ich hatte mal wieder so meine Bedenken. Meine Kollegin hatte einen rasanten Fahrstil und liebte es, scharf zu bremsen. Womöglich würde mir auf der Autobahn schlecht, oder es passierte sonst was. Wie üblich legte ich mich nicht fest, aber die Kollegin ließ nicht locker und schaffte es, dass wir endlich starten konnten. Ich hatte noch nie in einem Porsche gesessen, und ich fing gerade an, die Fahrt so richtig zu genießen, als auf halber Strecke die Fahrerin von merkwürdigen Motorgeräuschen erschreckt wurde, die immer dann auftraten, wenn sie schneller als fünfzig Stundenkilometer fuhr. Ein Porsche mit Tempo fünfzig auf der Autobahn war auch damals so unmöglich wie ein edles Rennpferd vor einem Mistwagen. Das ließen uns die anderen Autofahrer durch Hupen und An-die-Stirn-Tippen auch deutlich spüren, so dass meine Kollegin in Tränen ausbrach. Es wurde eine lange Hin- und leider auch eine lange Rückfahrt, denn das nötige Ersatzteil war in Paris nicht aufzutreiben. Doch die Stadt entschädigte uns reichlich für dieses Missgeschick, so dass wir die Rückfahrt selbst mit den vielen uns den Vogel zeigenden Autofahrern gelassen nahmen.

Jetzt im hohen Alter treffen wir immer wieder auf nette Menschen, die sich selbstlos anbieten, uns dies oder jenes abzunehmen. »Ich ruf da gleich mal an und mach einen Termin für dich.«

Eisiger Schrecken fährt mir in die morschen Knochen. Bloß nichts überstürzen, egal, ob es sich um Ärzte, Handwerker, Hörgeräteakustiker oder die Anschaffung eines Ersatzes für den altersschwach gewordenen Sessel handelt. Ewig und drei Tage habe ich über den gejammert, nun aber finde ich plötzlich, dass er im Grunde genommen doch noch ganz in Ordnung ist, was kopfschüttelnd zur Kenntnis genommen wird. »Wie du meinst«, lautet die leicht verdrießliche Antwort. »Aber es ist schade, morgen hätte ich gerade Zeit für dich gehabt, mich mal umzugucken.«

Doch das alles sind Bagatellen gegen die mitunter von uns geforderten großen Entschlüsse, die man deshalb schon sehr ungern fasst, weil sie das Leben unter Umständen radikal verändern. Das hatte ich bei einem meiner zahlreichen Onkel erlebt, der, bis dahin fröhlicher Junggeselle, sich eines Tages aufraffte und bei dem Vater des Mädchens, auf das er ein Auge geworfen hatte, schriftlich um die Hand der Tochter anhielt. Damit er es sich nicht doch noch anders überlegen konnte, steckte er den Brief trotz später Abendstunde in den nächstbesten Briefkasten. Schon auf dem Heimweg jedoch begann er seinen voreiligen Entschluss, wie er plötzlich fand, bitter zu bereuen. Er kehrte um, bezog Posten neben dem Briefkasten und wartete auf die Nachtleerung. Doch selbst in einer Großstadt wie Berlin hatte man es damals noch nicht so mit der Beleuchtung wie in heutiger Zeit, und er erwischte den falschen Briefkasten, die Warterei war vergebens, und der einmal gefasste Entschluss konnte nicht mehr rückgängig gemacht werden – zu seinem Glück, muss man sagen, denn es wurde eine ausgesprochen glückliche Ehe.

Auch bei uns Hochbetagten sind große Entschlüsse häufig leider nicht mehr rückgängig zu machen, wie etwa der, sich am Ende seines Lebens in ein Altersheim zu begeben, was manchmal vielleicht ganz ratsam wäre. Hier ist eine Rückkehr in die vertraute Umgebung schwierig. Dafür, so habe ich das Gefühl, hat es sich das Fernsehen offensichtlich zur Aufgabe gemacht, unsere Entschlussfreudigkeit zu solchen Veränderungen zu stärken. Gern zeigt es uns diese wunderbaren, aber für mich hassenswerten Menschen, die, kaum haben sie schwierige Entschlüsse gefasst, sie sofort umsetzen. Heim ausgesucht, Wohnung aufgelöst und ruck, zuck umgezogen. Oder jene Greise, die sich beim

Frühstück entschließen, noch einmal ihre Tochter in China zu besuchen, und bereits zwei Tage später, gut versehen mit Medikamenten und Stützstrümpfen, fröhlich das Flugzeug besteigen. Mir dagegen machen schon die alltäglichsten Entschlüsse zu schaffen. Zwar schreibe ich alles, was ich mir vorgenommen habe, sorgsam auf und bin schon mit dieser Leistung hochzufrieden, aber das war's dann auch. Wie immer kommt die Liste auf geheimnisvolle Weise abhanden, und mein täglich träger werdendes Gedächtnis hilft mir nicht mehr auf die Sprünge. Was war es bloß, was war es bloß? Richtig, den Schrank aufräumen, Unnötiges endlich aussortieren. Schon der Gedanke daran macht mich schwindlig. Angeblich soll man sich ja nach so einer radikalen Aktion wie neugeboren fühlen, fast, so wird behauptet, wie damals nach den Bombenangriffen, sozusagen endgültig vom Ballast des Besitzes befreit, wenn nun auch noch der Rest des Hauses zusammengestürzt war und man mit einer gewissen Erleichterung feststellte, kein Hoffen und kein Bangen mehr, hier ist nichts zu retten und zu holen. Ich glaube nicht so recht daran. Der Mensch ist nun mal ein Hamster, und so erinnere ich mich gut, dass, nachdem wir nur mit einem Rucksack die Heimat verlassen hatten, schon vier Wochen später bereits wieder so eine Menge Zeugs zusammengekommen war, dass man gut und gern drei Rucksäcke dafür brauchte. Ähnlich ist es bei uns Alten. Im Laufe der Jahre hat sich vieles angesammelt, von dem wir uns trennten sollten. Aber dann fragen wir uns: »Warum eigentlich, wenn es uns selbst nicht stört? Sollen sich doch die Erben ein bisschen plagen!« Und wenn man keine hat – auch egal. Der Vermieter wird schon eine Möglichkeit finden, den ganzen Krempel loszuwerden.

Und schon fällt mir wieder eine passende Familiengeschichte dazu ein, nämlich die von Tante Irene, einer recht uninteressanten, farblosen Person, die aber das Schicksal mit mehreren Erbschaften verwöhnt hatte. Sie lebte als alte Dame in einer von Möbeln und Krimskrams überquellenden Villa in der teuersten Gegend von Berlin. Die gelegentlich aufkreuzende Verwandtschaft wies sie taktvoll darauf hin, dass hier wirklich einmal dringend entrümpelt werden müsste. Sie zuckte nur die Achseln und sagte lakonisch: »Nach mir die Sintflut!«

Und da mache ich mir Gedanken über meinen

lumpigen Schrank! Diesen Vorsatz werde ich also gleich ad acta legen. Aber da wären noch die Schreibtisch- und andere Schubladen, gefüllt mit Krimskrams – höchste Zeit, sie aufzuräumen. Ich mache mich tatsächlich seufzend ans Werk. Es ist unglaublich, was sich dort allein in den letzten Wochen angesammelt hat – nicht abgeheftete Kontoauszüge, unbeantwortete Briefe, Belege für bezahlte Rechnungen und mit Notizen vollgekritzelte Zettel. Da gibt es zum Beispiel Telefonnummern, die ich schon längst in mein für diese Zwecke gekauftes Büchlein übertragen wollte und von denen ich nicht mehr weiß, wem sie eigentlich gehören, aber auch vieles andere bleibt ein Geheimnis. Dazu zählt beispielsweise eine überlange Telefonnummer mit dem Hinweis »dringend«. Hier kann es sich nur um einen Patienten im Krankenhaus handeln, aber wen von den Freunden hat es so arg getroffen? Und was bedeutet die Zahl 355? Dann der Name Anna mit drei Ausrufezeichen? Aber eine Anna kenne ich nicht.

Ich seufze tief und blicke aus dem Fenster. Dann fasse ich einen anderen ebenso wichtigen Entschluss. Der Kühlschrank ist leer, die Briefmarken sind aufgebraucht, und Brot habe ich auch keins mehr. Ich stecke alles wieder in die Schubladen zurück und mache mich auf den Weg. Kaum bin ich an der Haustür angekommen, ist die Sonne verschwunden, und es regnet nicht zu knapp. Wie konnte ich nur den Regenschirm zu Hause lassen. Noch ganz beschäftigt damit, das Schlüsselloch der Wohnungstür zu finden, höre ich das Telefon klingeln. Der Schlüssel merkt sofort, ich habe es eilig, und bockt. Aber es gelingt mir dann doch noch, rechtzeitig den Hörer abzunehmen. Es ist überraschenderweise eine Freundin aus alten Zeiten. Das Gespräch verläuft von meiner Seite etwas stockend, weil ich ständig grübeln muss, wie der Betreffende, von dem sie redet, oder der Ort, in dem er wohnt, heißt. Kaum habe ich den Hörer aufgelegt, stelle ich fest, dass die Sonne wieder scheint, was mich aber nicht so recht glücklich macht, weil ich gerade beschlossen habe, wegen der verlorenen Zeit zu Hause zu bleiben. Und nun diese dumme Sonne! Aber was muss, das muss. Und so mache ich mich noch einmal auf den Weg. Die Nachbarin, der ich begegne, etwa in meinem Alter, sieht mal wieder aus wie aus dem Ei gepellt. Haare, Hose, Jacke – alles sitzt perfekt. Und auch das dezente Make-up kann sich sehen lassen. Sofort wächst in mir ein neuer Entschluss: es ihr gleichzutun, und mir endlich, voller Schrank hin, voller Schrank her, eine neue Jacke und neue Schuhe zu kaufen.

Zur Ehrenrettung von uns Hochbetagten und unserem ewigen Soll-ich-oder-soll-ich-nicht-oder-lasse-ich-es-lieber-Sein muss ich sagen, dass vieles durch unsere Unpässlichkeiten, die wir uns im Laufe des Lebens zugelegt haben und die nun in voller Blüte stehen, noch erschwert wird. Dazu gehören bei mir zwei gebrochene Zehen des Fußes, den sich das Lieblingspferd meiner Schwester, ein Riesenross namens Peterchen, als Ruheplatz für seinen ebenfalls riesigen Huf ausgesucht hatte. Das jedoch rief keineswegs großes Entsetzen bei den Erwachsenen hervor, sondern veranlasste meinen Vater nur zu der Bemerkung: »Das verwächst sich wieder.« Er hatte fünfundsiebzig Jahre recht. Erst jetzt bereiten sie mir Ärger und erdreisten sich anzuschwellen, so dass ich Schwierigkeiten habe, sie in den Schuh zu zwängen. Meine Finger wiederum leiden unter chronischer Müdigkeit und machen dauernd schlapp, und ich muss sie mit der anderen Hand erst wieder in die richtige Lage bringen. Dafür bringen die Halswirbel gern Kindheitserinnerungen an den Drehwurm nach einer Karussellfahrt zurück. Es gäbe noch vieles aufzuzählen, aber das wird uns schon fast täglich im Fernsehen in der Werbung vorgeführt, zum Beispiel der in unseren Augen noch recht junge Herr, der nachts im Bett hochfährt und verzweifelt in die Gegend guckt. Der Arzt, dem wir unsere verschiedenen Leiden schildern, beruhigt uns mit dem Hinweis, das seien ganz normale Alterserscheinungen. Ihn beunruhigt nur eine ernste Erkrankung, sie hat in seinen Augen wenigstens noch Stil und wird auch von unserer Umgebung mit reichlich Mitgefühl belohnt. Aber wenn wir erzählen, was uns ständig zwickt und zwackt, ruft das eher Unmut hervor, oder man stellt die Frage: »Was sagt denn der Arzt dazu? Was hat er dir verschrieben?« Wir zeigen gehorsam das Medikament und bekommen zu hören: »Ach so, dieses harmlose Mittel. Dann brauchst du dir keine Sorgen zu machen, es ist bestimmt nichts Ernstes.« In solchen Momenten fällt mir jedes Mal der Ausspruch eines inzwischen längst verstorbenen befreundeten Arztes ein. Er nahm das Wort »Alter« nicht in den Mund. Wenn ihn Hochbetagte fragten: »Herr Doktor, was ist denn mit mir? Was habe ich denn?«, gab er sich nicht mit langen Erklärungen ab, sondern sagte tröstend: »Es kommt vom Ganzen.« Eine sehr kluge Antwort, wie ich finde, denn das tut es ja wirklich. Deshalb lässt man als alter Mensch den Dingen oft besser ihren Lauf.

Glücklicherweise befinden wir uns, was die Unschlüssigkeit angeht, in bester Gesellschaft. Oft dippern die Politiker ebenso wie wir hin und her und können sich nicht entschließen, ob sie nun den Einsatz des Bürgers in Uniform in Afghanistan einen Krieg nennen dürfen oder nicht. Dafür steht jetzt für mich mein Entschluss felsenfest. Ich werde mir noch heute Nachmittag meine Haare waschen. Und was signalisieren mir die bewussten Halswirbel sofort? »Du wirst schon sehen, was du davon hast!«

Der ideale Alte

Um sich dieses Prädikats würdig zu erweisen, muss der zukünftige Greis eine Menge tun und kann gar nicht früh genug damit anfangen. Da der Mensch dazu neigt, Unangenehmes zu verdrängen, hat sich seit neuestem der Staat eingeschaltet und per Gesetz verordnet, dass jeder Bürger zwischen fünfundsechzig und fünfundneunzig jährlich ein vierzehntägiges Seminar absolvieren muss, um dem ständig wachsenden Anspruch der Gesellschaft auf Jugendlichkeit und Flexibilität zu entsprechen. Da diese Seminare vom Staat finanziert werden, herrscht daran kein Mangel. Die Bezeichnung Seminar statt Kursus oder Lehrgang ist bewusst gewählt, vermittelt sie doch einen Hauch von Universität, Studium und damit Jugend. Und – seien wir mal ehrlich – jung wollen wir doch alle sein, selbst wir Uralten, denn haben wir nicht einst im Marschtritt gesungen »Jugend, Jugend, Jugend kennt keine Gefahren! Mag die Welt auch untergehn, Jugend, Jugend bleibt bestehn«?

Aber die freundliche Verpackung dieser Zwangsmaßnahme ist auch das einzige Zugeständnis. Im Übrigen sind die Bedingungen knallhart. Wer sich ohne triftigen Grund – der Rollstuhl ist keiner – drückt, muss mit Sanktionen rechnen. Am Ende des Seminars erhält der Bürger ein Zeugnis. Wer das Lernziel nicht erreicht, hat schlechte Karten, ihm werden die Altersbezüge um fünfzig Prozent gekürzt.

Der Lehrkörper, wie es so schön heißt, ist hochmotiviert, hat ein Topstudium hinter sich und wird gut bezahlt. Doch das durch Studium, glänzendes Examen und Tätigkeit an den besten Bildungsanstalten des Landes erworbene Selbstbewusstsein bekommt hin und wieder einen kleinen Dämpfer, denn die jungen Lehrkräfte müssen feststellen, dass dieser oder jener hochgepriesene ehemalige Unternehmer, Vorstandssprecher oder Chefredakteur nicht einmal das Abitur hat und wie weit man es nach dem Krieg ohne Studium, Berufsausbildung oder sonderliche berufliche Kenntnisse bringen konnte. Ja, wie sie hören, einem ihrer Schüler ist es damals gelungen, unter allen Bewerbern bevorzugt zu werden, nur weil er eine Schreibmaschine besaß, die in dem Büro dringend gebraucht wurde. Auch können sie nur staunen, wie dieses bunte Gemisch aus vielen verschiedenen Altersgruppen und den unterschiedlichsten Schichten und Berufen so schnell miteinander warm wird und bald ein Herz und eine Seele zu sein scheint.

Abgesehen von den üblichen Themen, wie »Was tun, wenn der Gehwagen bockt«, »Wie komme ich aus der Badewanne, nachdem mich dort ein leichter Schlaganfall getroffen hat« und »Wie schaffe ich es, dass die abgehetzte Pflegekraft bei mir statt fünf nur drei Minuten braucht und sich so eine zweiminütige Zigarettenpause gönnen kann«, gibt es zum Beispiel auch diskrete Hinweise für die Uralten, wie man es mit der angestrebten Jugendlichkeit nicht zu sehr übertreibt. Als Negativbeispiel wird dabei gern ein Neunzigjähriger genannt, der sich bei der jungen, hübschen Frau, die sich so hilfsbereit seiner angenommen hat, mit einem langen Kuss bedanken will, und die alte Dame, die sich nur von jungen Männern über die Straße leiten lässt und jede Hilfe von Älteren schroff ablehnt.

Die Unterrichtsstunden in Englisch finden die Jüngeren überflüssig, sehen dann aber ein, dass man ganz ohne Kenntnisse wenigstens gewisser Vokabeln heutzutage nicht mehr zurechtkommt, wo selbst die Bekleidungsindustrie von ihnen Gebrauch macht, von Indoor und Outdoor spricht und den Schlussverkauf »Sale« nennt.

Natürlich fehlt auch nicht die Zeitgeschichte mit Schwerpunkt »Die Politik im Heimatland« auf dem Lehrplan. Die Uralten wissen noch gut Bescheid über die Entstehung der Bundesrepublik und die damaligen Politiker, aber mit den gegenwärtigen tun nicht nur sie sich schwer. Nicht einmal der ehemalige Kommunalpolitiker Eugen Rabel ist eine große Hilfe und verhakt sich in die beiden Namen, die mit Stein- beginnen. Eugen ist nicht gerade eine imponierende Erscheinung, und sein Horizont stellt sich, wenn man hört, was er so von sich gibt, als sehr begrenzt heraus. Aber einmal im Leben hat er richtig Glück gehabt, als junger Politiker, dem seine Partei gern alles Lästige zuschob wie Jubiläen von Kleingartenvereinen oder Kaninchenzüchtern und den Besuch bei alten verdienten Parteimitgliedern, die einen runden Geburtstag feierten. Doch dann begegnete ihm das Glück, wie immer zunächst schwer erkennbar, diesmal in Gestalt eines Hundes. Dieses kleine Tier hatte sich mit dem Halsband in der Mitte eines ziemlich seichten Teiches im Stadtpark beim Schnüffeln an etwas festgehakt und wäre ertrunken, wenn nicht der joggende Eugen Rabel mutig ins Wasser gewatet wäre und ihn gerettet hätte. Er klemmte sich das halb bewusstlose Hündchen unter den Arm und stapfte wieder ans Ufer, wo bereits eine Dame mittleren Alters die Hände rang. Ihre Dankbarkeit war groß, und bald stellte sich heraus, wessen Liebling er da gerettet hatte. Es war die reichste Witwe der Stadt, die hohes Ansehen bei allen Parteien genoss, stiftete sie doch häufig erhebliche Summen.

Nun hält sich zwar Mitgefühl und Interesse an so einer Meldung in jeder Zeitungsredaktion in Grenzen, aber hier ging es nicht um die Qualen der fast ertrinkenden Kreatur, sondern um ein Mitglied der Upper Ten, das als Gönnerin der Stadt allemal mehr als eine Zeile wert war, und so wurde in den Gazetten eine Homestory daraus – die Witwe mit Hund, ohne Hund, mit Retter und Hund –, und auch die Lokalzeitung berichtete ausführlich. Sozusagen über Nacht war Eugen Rabel für seine Partei ein wichtiger Mann geworden, der nur eine Aufgabe hatte: die große Gönnerin bei Laune zu halten. Dies erwies sich als verhältnismäßig leicht, weil der gelernte Uhrmacher von nun an ihre Uhrensammlung betreute, was auch eine, wenngleich kleine Altersversorgung einschloss. Wenn die Stifterin von der Stadt wieder einmal mit einem Empfang geehrt wurde, nahmen von nun ab die Fotografen auch ihn aufs Korn, mit der Witwe plaudernd, das Sektglas in der Hand, und neben ihm der Oberbürgermeister. Im Übrigen spielte er weiterhin den ewigen Hinterbänkler, der der Partei nur dazu diente, die Hand zu heben, wenn es um Abstimmungen ging. Nun ist er fünfundsechzig, pensioniert und genießt als ewiger Junggeselle die Freuden des Ruhestandes.

Der Computerunterricht ist freiwillig, denn es gibt auch viele Alte, besonders unter den Frauen, die schon große Mühe haben, mit einem Handy zurechtzukommen. Aber wie die Lehrer feststellen, finden sich trotzdem erstaunlich viele Interessenten, die wissen wollen, was es mit Blog, Twitter und Facebook auf sich hat.

Das Gedächtnistraining wiederum mit seinen verzwickten Zahlen- und Wortspielen ist nicht allzu beliebt. Viele von den Alten sind noch exzellent im Kopfrechnen und können mühelos addieren und multiplizieren. Aber was der Lehrer hier von ihnen verlangt, Sudoku und wie das Zeug sonst heißt, bleibt ihnen ein Buch mit sieben Siegeln.

Selbstverständlich gibt es auch einen Psychologen unter den Lehrern. Er entspricht haargenau dem Klischee dieses Berufsstandes, trägt Pferdeschwanz und Vollbart und ist ganz weg von sich und dem, was er so von sich gibt. Sein Unterricht steht unter dem Motto »Was die Seele stark macht«. Die Frauen unter den Alten zeigen sich sehr interessiert, die Männer hingegen schütteln nur den Kopf. »Was soll man mit dem Rat anfangen, sich Rituale zur Selbstmotivierung oder bei der Arbeit Ruheinseln zu schaffen und sich eine Ich-Zeit einzubauen? Da kann ja ein Busfahrer oder ein Verantwortlicher im Atomkraftwerk gleich einpacken!«

Ganz anders die Lehrerin für die Selbstverteidigung, eine junge, frische Blondine mit kurzgeschnittenem Haar und blitzenden Augen. Vor ihr haben auch die Männer Respekt. Wenn sie so dasteht wie ein weiblicher amerikanischer Cop, der bereits die Hand am Colt hat, nähert sich sogar der ehemalige Oberst der Wehrmacht, hochdekoriert mit Ritterkreuz und Nahkampfspange, nur zögernden Schrittes zu einer Übung.

Sehr beliebt ist auch die von ihr geleitete sogenannte Quasselstunde, in der jeder sich über staatliche Ungerechtigkeiten oder Merkwürdigkeiten beklagen oder Fragen stellen kann. Diese für die Lehrer nicht besonders attraktive Stunde hat man ihr aufs Auge gedrückt, obwohl sie nicht gerade viel von politischen Dingen versteht. Aber dank ihrer dynamischen Art herrscht schnell wieder Ruhe im Beritt, wie der ehemalige Oberst sich respektvoll ausdrückt, wenn die Ansichten, wie Politik zu sein hat, zu weit auseinandergehen und man sich zu heftig in die Haare gerät. Besonders häufig meldet sich eine zierliche, schon recht gebrechlich wirkende alte Dame zu Wort. Sie hat nach dem Krieg freiwillig als Trümmerfrau gearbeitet, um für sich und ihre Kinder an bessere Lebensmittelkarten heranzukommen. Sie hatte die Aufgabe, das eigentlich von Adolf Hitler den Gegnern Zugedachte – »Wir werden ihre Städte ausradieren!« –, aber von ebendiesen »Ausradierte« in ihrer Heimatstadt beiseitezuräumen und zu sortieren, was noch zu gebrauchen war. Ihre Fragen verblüffen gelegentlich nicht nur die junge Lehrerin, sondern auch die Altersgenossen. So zum Beispiel, wenn sie fragt, warum es immer noch zwei Rentenkassen gebe, die der Bundesversicherungsanstalt für Angestellte und die der Landesversicherung für Arbeiter, diese Trennung sei doch völlig überholt. Man sieht sich ratlos an und wendet sich an Eugen Rabel, den ehemaligen Politiker. Der ergeht sich in den üblichen Floskeln und hat wie immer keine Ahnung. Doch diese Trümmerfrau hat noch ganz andere Dinge im Kopf. Sie erinnert sich, im Gegensatz zu den anderen, noch sehr genau, dass es gleich nach dem Krieg in Berlin einen weiblichen Bürgermeister gab, hochgeehrt von der Bevölkerung und von der Besatzungsmacht respektvoll anerkannt. Und sie finde es eine ziemliche Schande, dass nur noch wenige sich an sie erinnerten, selbst aus der eigenen Partei.

Bei der Abschiedsfeier herrscht eine wehmütige Stimmung. Trotz der Unterschiede von Alter, Beruf und Herkunft haben sich Freundschaften gebildet. Man hat Probleme und Sorgen ausgetauscht, und es war, wie die Uralten meinen, ein bisschen wie nach einem Bombenangriff im Krieg. Geteiltes Leid ist halbes Leid. Und so verspricht der ehemalige Maurer dem Professor, einem berühmten Mediziner, der nach seiner Pensionierung nur noch Privatpatienten behandelt, ihm seinen Kamin zu richten. Und der Professor sagt beiläufig, er solle ihm doch mal seinen Enkel mit dem chronischen Husten in die Praxis schicken.

Wieder zu Hause, wartet man gespannt auf sein Zeugnis, greift zum Telefon und tauscht die Beurteilungen aus. Dabei stellt man fest, dass fast alle dieselben Noten haben, ausgenommen sind nur die Trümmerfrau und der Politiker. Statt der üblichen Bestnote »Sehr gut« hat sie das Prädikat »Vorzüglich« vorzuweisen. Außerdem braucht sie aufgrund ihres fundierten politischen Wissens und ihres mühelosen Umgangs mit dem Computer nur noch jedes zweite Jahr an einem Seminar teilzunehmen.

Dafür hat es den armen Eugen Rabel voll erwischt. Zugleich mit dem Zeugnis erhält er ein Schreiben der zuständigen Behörde, dass man leider in seinem Fall die Altersversorgung bis zum nächsten Seminar um fünfzig Prozent kürzen müsse. Eugen Rabel ist fassungslos. Entsetzt eilt er zu seiner fünfundneunzigjährigen Mutter, um sich bei ihr Trost und Rat zu holen. Sie ist zwar manchmal schon etwas verwirrt, aber dann auch wieder glasklar. Sie liest das Zeugnis und versinkt in Erinnerungen. »Junge« ruft sie. »Das ist ja bei euch wie im Reichsarbeitsdienst. Wer wie du zum Abschluss nur ein »Ausreichend« bekam, hatte hinterher große Schwierigkeiten, eine vernünftige Arbeit zu finden.«

Wütend reißt ihr Eugen Rabel das Zeugnis aus der Hand. »Wer will denn noch eine Arbeit?«, schnaubt er. »Ich will meine volle Rente, die steht mir nach dem Gesetz zu.«

Seine Mutter sieht ihn belustigt an. »Junge«, sagt sie, »wie kommst du nur darauf? Gesetze lassen sich doch jederzeit ändern. Davon kann ich ein Lied singen.«

Mit der Schippe in der Hand

Reden wir Alten, die vom Lande stammen, ausnahmsweise einmal nicht verträumt von Eis und Schnee in unserer Jugend, die wir im Nachhinein gern verklären, und schwärmen wir nicht von den zugefrorenen Seen, auf denen wir mit und ohne Schlittschuhe Stunden verbrachten und wo wir uns im Schilf Hütten bauten und erschrocken zusammenfuhren, wenn der See mit lautem Räuspern lange Risse in der Eisdecke entstehen ließ, von dem scharfen Ostwind, der uns durchpustete und dem sich über uns wölbenden Sternenhimmel. Schwärmen wir nicht von knisternden Kaminfeuern und duftendem Holzgeruch, auch nicht von den Schlittenfahrten mit den Eltern, bei denen unterwegs meist die Lampen ausgingen, wir vom rechten Weg abkamen und, unter Missbilligung meiner Mutter, meine Schwester zur Erkundung der Lage in den tiefen Schnee geschickt wurde, wo sie in einer Schneewehe versank und nur noch der

Bommel ihrer Pudelmütze zu sehen war. Ein Ereignis, das Mutter vorausgesagt hatte und worauf sie noch lange herumritt. Wir wollen auch nicht von jenen Wintern erzählen, wie sie viele unserer Jahrgänge in Kriegs- und Nachkriegszeit erleben mussten. Denn da waren wir noch jung, und das Glück war groß, überhaupt noch am Leben zu sein. Nein, wir reden über den Winter 2010, in dem viele von uns fast acht Wochen in ihren Wohnungen verbringen mussten.

Wir echten und Wahl-Hamburger kennen diese Stadt noch in den verschiedensten Zuständen, in Trümmern, im Aufbau, in Katastrophen, kurz: in guten wie in schlechten Jahren. Auch die zugefrorene Alster genoss man damals besonders gern, wenn auch etwas anders als heutzutage. Diese riesige Fläche, die die Großstadt vergessen ließ, erinnerte uns fast wieder an unsere Kindheit. Von ohrenbetäubendem Lärm, der anscheinend heute zu jedem Vergnügen gehört, konnte keine Rede sein. Kein Handy klingelte, keine Musik grölte aus Lautsprechern, und kein Geruch nach Verbrutzeltem verdarb die frische Nachtluft. Für die Liebespaare war der abendliche Spaziergang über das in Dunkel gehüllte Eis ein Hochgenuss – endlich mal allein in aller Ruhe küssen und kuscheln können. Die meisten von ihnen wohnten zur Untermiete bei rüstigen Witwen, die noch viel von Sitte und Anstand hielten – »und eins möchte ich gleich klarstellen: Damenbesuch nach zweiundzwanzig Uhr gibt es bei mir nicht. Und kommen Sie mir nicht wieder mit der Ausrede, das junge Ding, das Sie da anschleppen, ist Ihre Mutter. Wir sind ein anständiges Haus!«

Auch 1979 gab es einen schneereichen Winter in Norddeutschland. Da waren wir Uralten noch junge Spunde und fanden es ganz selbstverständlich, dass, wer für Gehwege und Hauseingänge verantwortlich war, zur Schippe griff. An den Wochenenden tat es sogar dieser oder jener Nachbar, ohne dazu verpflichtet zu sein. Auf die Idee, dass über diese Heldentat gleich in der Zeitung berichtet würde, wäre allerdings niemand gekommen. Und nun erleben wir wieder einmal einen richtigen Winter mit allem Drum und Dran. Der erste Schnee wird von den Rundfunkmoderatoren, die anscheinend chronisch darunter leiden, dass dieser Stadt schon so lange keine weiße Weihnacht mehr beschert worden ist, geradezu jauchzend begrüßt. Zuerst beginnt es ja auch wirklich recht hübsch.

Vorübergehend können wir uns an einer Postkartenlandschaft erfreuen. Leider ist das Glück nur von kurzer Dauer. Die Natur erlaubt sich Kapriolen, erst schneit es, dann regnet es, dann friert es, dann taut es, und schließlich wird alles ein Matsch, der sich nach einem Regenguss in eine Rutschbahn verwandelt. Auch das gehört, wie wir Uralten wissen, zum Winter, ebenso wie kräftige Männer mit einer Schippe in der Hand, die dafür sorgen, dass der Bürger sein Haus verlassen kann, ohne sich schon bei den ersten Schritten das Genick zu brechen.

In der heutigen Zeit gibt es vieles, was das Leben angenehm macht und in unserer Jugend unbekannt war, darunter auch Busse, Bahnen, Flieger und Autos, die den Bürger sicher an sein Ziel bringen. Nur dass der Winter uns bei der Nutzung dieser Annehmlichkeiten einen Strich durch die Rechnung machen kann, hat man schlicht vergessen, so dass, was man für selbstverständlich hält, nicht mehr funktioniert. Stattdessen erwarten uns ungeahnte Abenteuer, sobald die Haustür hinter uns ins Schloss gefallen ist. Die Kreuzung, die der Bürger überqueren muss, um seinen Bus zu erreichen, ist nicht nur spiegelglatt, sondern man hat vorher noch einen

Schneehaufen zu überwinden, teils fest, teils löchrig, teils glitschig. »Aber wer«, fragen wir uns ratlos, »ist für geräumte Straßen und Gehwege eigentlich verantwortlich, damit wir wenigstens unbeschadet zu Fuß dorthin kommen, wohin wir wollen oder müssen?« Doch das Wort Verantwortung bedeutet heutzutage eine schwere Bürde, und kaum jemand fühlt sich stark genug, sie zu schultern. Lieber kriegt man sich kräftig in die Haare, der Senat mit den Bezirksämtern, die Bezirksämter mit ihren Reinigungsdiensten und so weiter. Und die Bürger machen sich Luft in zornigen Leserbriefen. Krisensitzungen – inzwischen sind sechs Wochen seit dem ersten schweren Schneefall vergangen – werden abgehalten nach dem altbekannten Spruch: »Wenn man nicht mehr weiterweiß, macht man einen Arbeitskreis.« Es wird wie immer viel geredet, aber dann doch wieder verhältnismäßig wenig getan. Man hat nämlich nicht ausreichend Streugut eingelagert, das kommt nun erst sehr viel später.

Dafür schlagen mittlerweile die Krankenhäuser in der Stadt Alarm, die sich in der Unfallchirurgie nicht mehr retten können vor Patienten, unter denen besonders zahlreich unsere Altersstufe vertreten ist. Und schon sind die Medien zur Stelle, um uns darüber zu informieren. Sie zeigen im Fernsehen erschöpfte, unrasierte Ärzte und völlig überlastete Schwestern. Da hat der vor Wochen zu einer OP bestellte Patient schlechte Karten. »Was ist denn mit Ihnen? Sie können ja sogar noch stehen.« – »Aber ich soll morgen operiert werden. Mein Hausarzt hat gesagt, es ist sehr dringend. Und ich habe doch auch gleich einen Termin hier bekommen.« – »Sie sehen doch, was hier los ist. Kommen Sie in vier Wochen wieder, nein, besser in acht.« Nun schlagen auch die Kassen Alarm, da kommen ja riesige zusätzliche Kosten auf sie zu. Aber nicht mit ihnen! Sie sind fest entschlossen, die Stadt dafür haftbar zu machen.

Mit jedem Tag, den wir Alten in unseren vier Wänden verbringen müssen, werden wir rastloser. Hat der Arzt uns nicht streng angewiesen: »bewegen, bewegen, bewegen«? Aber das Thema »Unsere alten Mitbürger« scheint bei der Stadtverwaltung erst einmal ad acta gelegt worden zu sein. Viel wichtiger als wir ist das Lieblingsgeschöpf des Menschen, das Auto. Wenn da was ins Rutschen kommt, das wäre doch wirklich fatal – allerdings seltsamerweise nur auf den

Straßen, die von Bussen befahren werden. Und so habe ich mir angewöhnt, wenn es unbedingt nötig ist, nach draußen zu gehen, die geräumten Fahrwege zu benutzen, was bei den meisten Autofahrern auf Verständnis stößt, es sei denn, es ist gerade Rushhour. Auch sonst blüht der Gemeinschaftssinn. Während ich mich mühsam, den Blick krampfhaft nach unten gerichtet, auf einem vereisten Gehweg vorwärtstaste, als sei er ein Minenfeld, hält ein Auto neben mir, und der Fahrer fragt teilnehmend, ob er mich nach Hause bringen kann. Oder der südländische Taxifahrer begleitet mich fürsorglich zur Haustür, bedankt sich überschwenglich für das Trinkgeld, klopft mir aufmunternd auf den Arm und sagt, ich sei die Sonne seines Herzens und hätte die Grazie einer Zwanzigjährigen. Während ich, noch ganz berauscht von diesem Kompliment, mich am nächsten Tag wieder mutig auf die Straße begebe, blicke ich ratlos um mich, weil ich mich plötzlich vom Glatteis umschlossen fühle. Auch hier naht sofort Hilfe, und zwei kräftige Hände geleiten mich sicher ans Ziel.

Unterstützung bekommen wir auch von den Medien, und das Bild einer alten Frau, die traurig am Fenster steht und auf die Straße blickt, geistert durch sämtliche Zeitungen. Außerdem werden wir täglich auf dem Laufenden gehalten, was bei diesem unerwarteten Wintereinbruch so alles passiert.

- Ein von der Autobahn abgekommener Zwanzigjähriger, der sich in einer fremden Umgebung plötzlich völlig eingeschneit sieht, ruft auf seinem Handy nicht etwa den ADAC oder die Polizei, sondern seine Eltern an und wimmert um Hilfe. Allerdings vergeblich, denn diese wohnen in Bayern, und in der Bredouille sitzt er auf der Strecke zwischen Hannover und Berlin.
- Ein Wildschwein hat sich in einem Vorort der Stadt in ein Einkaufszentrum verirrt und in seiner Verwirrung ziemlichen Schaden angerichtet, der allgemeine Aufregung hervorruft. Nur ein kleiner Junge sagt zu seinem Vater: »Guck mal, Papi, wie im Fernsehen!« Was mal wieder zeigt, dass die Kinder von heute nicht ein Schwein von einer Kuh, um die es in der Fernsehwerbung geht, unterscheiden können.
- In einem Stadtviertel sind zwei rüstige Männer so um die vierzig gerade dabei, ihre Garagen frei zu schaufeln, als ein paar Jugend-

liche vorbeikommen und sich über sie lustig machen. »Na, Opas, schippt mal schön!« Und einer singt sogar: »Mit der Schippe in der Hand, kommst du durch das ganze Land.« Doch das Blatt wendet sich, als die beiden Opas mit geschwungenen Schippen auf sie losgehen.

Aber es gibt auch noch anderes Hochinteressantes. Zum Erstaunen von uns Alten sind es nur die Seitenstraßen, die im Mittelpunkt stehen, weil die vom Streudienst am stiefmütterlichsten behandelt werden, was wir Anwohner nur bestätigen können. Schon allein der Weg zum Müllcontainer erweist sich als hochgefährlich. Und an der Bushaltestelle wäre es ratsam, den abschüssigen Weg, wie die Kinder im Park, auf seinen vier Buchstaben zu bewältigen. Voller Interesse lesen wir nun, was alles in den Seitenstraßen passiert.

– Eine Katze, die es sich in einem zufällig offenstehenden Müllcontainer gemütlich gemacht hat, sitzt plötzlich im Dunkeln, weil der Deckel zugefallen ist. Ihr klägliches Miauen wird nicht gleich bemerkt, und so können die Bewohner sie nur unter großen Mühen befreien, denn durch eine neue Schneeschicht ist inzwischen der Deckel festgefroren.

– Ähnlich geht es einem Kind, das, hinter seiner wie gewohnt am Handy klebenden Mutter herwackelnd, ganz plötzlich bis zur Taille in einem Schneehaufen versinkt und von Passanten befreit werden muss, während die ahnungslose Mutter, fröhlich telefonierend, nichts bemerkt.
– Ein höherer Amtsträger des Senats hat sich erdreistet, den städtischen Reinigungsdienst mit zackigen Worten in seine Wohnstraße zu beordern, was im Senat große Unruhe auslöst.

Doch, es gibt auch Positives zu berichten. Unter der Überschrift »Hier schippen Hamburgs Eltern« zeigt man eine Gruppe Hamburger in noch sehr rüstigem Alter, die, wie zu lesen ist, auf dem Schulhof »dem Frostberg den Garaus machen«.

Außer den Seitenstraßen sorgt für uns Eingesperrte auch die Deutsche Bahn für reichlich Unterhaltungsstoff. Mit ihrem allzeit kecken Spruch »Alle reden vom Wetter, wir nicht« liegt sie in diesem Winter mächtig daneben und erntet von den Medien Hohn und Spott. Der Winter hat sie so richtig in die Mangel genommen, so dass sie ihre Kunden ständig um Verständnis bitten muss – Verspätung hier, ausfallende Züge da und dazu Nottransporte mit Bussen – und sich gleichzeitig schon im Voraus dafür bedankt, obwohl die Stimmung der frierenden und schlecht informierten Reisenden alles andere als verständnisvoll ist. Wie gewohnt schiebt es mal wieder einer auf den anderen. Der Bundesverkehrsminister macht die Herstellerfirmen für alle auftretenden Schäden verantwortlich, der Vorstand des Fahrgastverbandes gibt der Elektronik die Schuld, mit der die teuren Züge vollgestopft sind und die sich bei dieser Wetterlage als besonders störungsanfällig erweist.

Aber egal. Ob es sich nun um Autobahnen, Schienen, Gehwege oder Seitenstraßen handelt, aller Schrecken hat mal ein Ende, auch dieser Winter. Inzwischen haben die Medien umgeschaltet. Sie beschäftigen sich mit dem Thema »Was wäre wenn?« Wenn zum Beispiel zweiundzwanzig Milliarden Tonnen Schnee zu schmelzen anfangen, muss man dann sintflutartiges Hochwasser befürchten? Wir lernen, dass ein unscheinbarer Landregen über ganz Deutschland schon genügt, um in wenigen Stunden 3,6 Milliarden Tonnen Wasser mühelos in Bäche und Flüsse zu leiten. Dann wieder erfahren wir, dass die so sehnsüchtig von uns erwartete Sonne leider wenig von Nutzen ist, im Gegenteil. Je länger das Hoch anhält, das sie scheinen lässt, und die Luft trocken und kalt bleibt, umso länger dauert das Abtauen. Auch müssen wir zur Kenntnis nehmen, dass die dreckigen misthaufenfarbenen Schneeberge schneller schmelzen als sauberer Schnee. All das finden wir Alten zwar merkwürdig, aber auch wieder hochinteressant.

Wie immer bleibt die Natur von allen Unkenrufen und Prognosen unberührt. Sie tut, was sie für richtig hält, egal, was der Mensch denkt. Und so beobachte ich, als eine riesige Pfütze mir den Weg versperrt, dass dort bereits reger Badebetrieb herrscht, und das bei Temperaturen, die uns allein beim Gedanken, ein Bad im Freien zu nehmen, schaudern lassen. Es ist die Vogelwelt, die sich hier vergnügt. Alles, was in unserer Grünanlage Hochzeit hält, Nester baut, Eier legt und Kinder großzieht, ist hier versammelt. Doch immer noch gibt es auf den Gehwegen reichlich glatte Stellen. Trotzdem wagt sich so mancher Nachbar im Rollstuhl oder mit Gehwagen wieder an die frische Luft. Während ich mir immer noch mit äußerster Vorsicht an einer

Reihe parkender Autos meinen Weg suche, höre ich plötzlich einen Sänger. Ich bleibe stehen und lausche. Und was bekomme ich zu hören? Eine angenehme Stimme singt ein Lied aus meiner Jugendzeit: »Man müsste Klavier spielen können, wer Klavier spielt, hat Glück bei den Frau'n.« Kein Zweifel, nicht nur bei den Vögeln ist der Frühling im Anmarsch. Doch wieder zu Hause, bekommt bei einem Blick auf die Wetterkarte mein Optimismus einen Dämpfer. Schneeregen ist angesagt. Aber Schnee hin, Schnee her – gleich hat mein Gedächtnis wieder einen der harmlosen Witze aus meiner Kindheit parat: »Wer war der erste Sprudelhersteller? Der Frühling, denn er naht mit Brausen.«

Ich zappe ein wenig durch die Fernsehprogramme und gerate in eine politische Talkshow. Einer der Landesfürsten sagt gerade mit salbungsvoller Stimme: »Bei allem, was wir planen und vorhaben, sollten wir immer daran denken, dass unsere alten Mitbürger dabei nicht zu kurz kommen.«

Na bitte, geht doch, denke ich. Und dann fällt mir ein: Landtagswahlen stehen vor der Tür …

Alles für die Katz

Schon meine Mutter rief ungeduldig, wenn das Mittagessen bereits auf dem Tisch stand und mein Vater mal wieder nicht auffindbar war: »Immer diese Warterei, es ist wirklich nicht zum Aushalten!« Aber bei jemandem wie meinem Vater, den man bereits mit zehn Jahren ins Kadettenkorps gesteckt hatte, war diese ewige Unpünktlichkeit schon erstaunlich. Das Recht, die Familie warten zu lassen, nahm er sich als Einziger heraus, konnte aber sehr unangenehm werden, wenn wir Kinder es ihm gleichtaten, und scheuchte uns gnadenlos mit der Behauptung, die Pferde seien schon unruhig, auf den bereits anfahrenden Kutschwagen. Dabei hatten wir uns höchstens um zwei, drei Minuten verspätet.

Bereits im zarten Kindesalter mussten wir lernen, dass Kinder grundsätzlich zu warten hatten, was uns gelegentlich zu rechten Heulsusen machte und meinen Bruder, der bei meiner

Mutter unbedingt etwas erquengeln wollte und wie immer nur ein zerstreutes »gleich, gleich«, zu hören bekam, anklagend rufen ließ: »Gleich, gleich! Gleich dauert bei dir immer furchtbar lange!« Auch ich machte diese Erfahrung mit einem Onkel, der nach einem Ritt über die Felder nur mal kurz zu uns hereingucken wollte. Er stieg ab, übergab mir die Zügel und sagte: »Ich bin gleich wieder da.« Bei leichtem Nieselregen durfte ich dann das Pferd eine gute Stunde die Dorfstraße rauf und runter führen. Schließlich begann auch dem Pferd die Warterei zu missfallen, und es fing an zu tänzeln. Als der Onkel, begleitet von meinem Vater, endlich wieder auftauchte, jetzt sehr in Eile, übersah er geflissentlich mein anklagendes Gesicht, und mein Vater zischte mir zu: »Hab dich nicht so!« Der Onkel schwang sich in den Sattel und vergaß mal wieder, mir etwas Belohnendes für die Spardose zu geben. Und so lernten wir schon früh, dass Warterei manchmal »für die Katz« war. So auch die auf den Nikolaus, dessen Beauftragte, meine Mutter, die vor die Tür gestellten Schuhe mit Köstlichem füllte, während wir schliefen. Ungeduldig, wie ich war, stieg ich bei dem leisesten Geräusch aus dem Bett und kontrollierte meinen für den Nikolaus auf Hochglanz polierten Schuh. Enttäuscht stellte ich jedes Mal fest, dass sich nicht der kleinste Schokoladenkringel darin befand, obwohl Mitternacht längst vorbei war. Auch am Morgen stand der Schuh leer vor der Tür, woran aber nicht meine Mutter, sondern mein Bruder schuld war. Er hatte die Stunde, in der ich noch fest schlief, genutzt und meinen Schuh gleich mit ausgeplündert. Er bestätigte damit den Satz meines Großonkels, der mehrmals am Tage zu seiner Frau sagte: »Katharina, die Welt ist bös!« Auch beim Osterhasen, den ich unbedingt kennenlernen wollte, erwies sich die Warterei als vergeblich. Ich schaffte es nicht ein einziges Mal, ihn beim Eierlegen zu ertappen. Und was hatten wir uns für Mühe beim Bauen der Nester gegeben! Diesmal zeigte meine Mutter Verständnis und vermutete, den fleißigen Hasen habe wahrscheinlich der Anblick von Möpschen, unserem Bernhardiner, erschreckt, aber ich solle mir keine Sorgen machen, er werde schon Mittel und Wege finden, unsere Nester zu füllen.

Leider waren wir nicht immer die Engel, die Mutter in uns sah: bescheiden, großmütig und gastfreundlich. In den Sommerferien bekamen wir viel Besuch, darunter auch Gleichaltrige, in unseren Augen meist nutzlose Wesen, die sich vor Mäusen fürchteten und einen Schreikampf bekamen, wenn ihnen nachts eine dicke Spinne aufs Gesicht fiel. Manche mochten wir gern, andere nicht. Zu Letzteren gehörte ein Zwillingspaar, das uns die Ferien verdarb, weil es sich ständig zankte, nach seiner Mutter rief und uns verpetzte. Als Vater uns nicht nur streng ermahnte, sondern sogar zwang, diese beiden armen Geschöpfe mit einem Geschenk zu versöhnen, war für uns die Stunde der Rache gekommen, und meinem Bruder fiel auch sofort das Richtige dafür ein. Beide waren nämlich ganz begeistert von etwas, was es zu Hause bei ihnen nicht gab, nämlich von unseren Kaninchen. Und so schenkten wir ihnen kurz vor der Abfahrt mit großzügiger Geste das mickrigste, was wir im Stall hatten und dem bereits anzusehen war, dass es nicht mehr sehr lange auf dieser Erde weilen würde. Die Eltern der Zwillinge zeigten sich zwar wenig begeistert, andererseits war es dann doch wieder sehr rührend, wie ihre kleinen Lieblinge dastanden und dieses Tierchen herzten. Und nun warteten wir gespannt auf die uns willkommene Hiobsbotschaft, dass es womöglich sogar schon auf der Heimreise das Zeitliche gesegnet hatte. Merkwürdigerweise, wie wir den Briefen an meine Mutter entnehmen konnten, erwies sich gerade dieses mickrige Tier als besonders langlebig. Um unseren Ärger noch zu steigern, bekamen wir Fotos, auf denen das Kaninchen von Mal zu Mal stattlicher aussah. »In Zukunft«, sagte mein Bruder, »werden wir nicht mehr so großzügig sein. Das schwöre ich euch.« Meine Schwester und ich nickten zustimmend.

Später war es dann der Staat, der uns das Warten lehrte, wenn er uns zum Spalierstehen und zu Aufmärschen mit Gesang bestellte. Nicht allen bekam die Warterei, besonders nicht im Sommer bei glühender Mittagshitze. Sie landeten, statt in die Augen des Führers zu blicken, im Sanitätszelt des Roten Kreuzes. Auf die Belohnung für unseren Einsatz, ständig irgendwo wartend herumzustehen, Fähnchen zu schwenken und zu jubeln, brauchten wir unsererseits allerdings nicht lange zu warten: den Zweiten Weltkrieg. Und nun ging die Warterei erst richtig los und gehörte, je länger der Krieg dauerte, zur Tagesordnung. Das Warten auf Fliegeralarm, Entwarnung, Feldpost, Fronturlaub, beim Anstehen nach Lebensmitteln, Sonderrationen und Fahrkarten.

Doch trotz der vielen Belastungen, die ein so langer Krieg mit sich bringt, nahmen wir nun die Warterei relativ gleichmütig hin. Leider hat sich das im Alter bei mir sehr geändert. Jegliche Warterei, ob nötig oder unnötig, ist mir ein Dorn im Auge. Jeder Besucher, der es mit der Höflichkeit der Könige nicht so genau nimmt und mich ohne Begründung eine halbe Stunde oder länger warten lässt, bringt mein Blut in Wallung. Vor allem dann, wenn der junge Mensch, der mir das antut, treuherzig sagt: »Tantchen, was regst du dich so auf? Bei dem Wetter bleibst du doch sowieso zu Hause.« Dafür ist im Gegensatz zu früher das Warten in der Schlange nur noch halb so anstrengend. Trotz allen missbilligenden Geredes über die heutige Jugend ist der Nachwuchs besser als sein Ruf und geht mit uns Uralten sehr fürsorglich um. Man lässt uns ohne Groll den Vortritt oder organisiert sogar etwas zum Sitzen. Ärgerlich dagegen ist, dass man der Überzeugung zu sein scheint, der alte Mensch langweile sich tödlich, und schon das Aufkreuzen eines Handwerkers sei eine nette Abwechslung. Da aber die Vorfreude ja die größte Freude sein soll, stehen wir gern vor Tau und Tag auf und warten geduldig wie ein Teenie auf seinen angebeteten Star, dass er sich noch vor Feierabend sehen lässt, was er zu unserer Erleichterung tatsächlich tut, wenn auch auf den letzten Drücker. Von uns wiederum erwartet er oder sein Chef prompte Bezahlung, möglichst in bar, oder wenigstens eine Einzugsermächtigung. Selbstverständlich hat alles für seine Tätigkeit vorbereitet zu sein: der Teppich aufgerollt, der dreckige Herd gesäubert oder der Fernseher für die Begutachtung zurechtgerückt. Das aber sieht der Kunde durchaus ein, denn Zeit ist nun mal Geld und jeder Handgriff Goldes wert. Doch jammern wir nicht. Die meisten, welcher Zunft sie auch immer angehören, sind nett, freundlich und anpassungsfähig. Noch netter, freundlicher und angepasster, sogar was unsere politischen Ansichten betrifft, ist der Handwerker allerdings, wenn er uns seine persönliche Visitenkarte dagelassen hat und wir ihn in höchster Not am Wochenende anrufen. In diesem Fall ist Warten kein Thema mehr, zu jedem vom Kunden gewählten Zeitpunkt erscheint er pünktlich, gepflegt und in guter Laune. Auch macht es ihm nichts aus, anfallenden Schmutz persönlich zu beseitigen. Allerdings müssen wir auf eine Quittung für den ihm in die Hand gedrückten Geldschein verzichten. Aber wie das Leben nun mal so spielt, auch diese mögliche Vorzugsbehandlung, die dem Kunden noch bleibt, führt nicht immer zum Erfolg: Mein Fernseher verweigert plötzlich seinen Dienst. Ihn mit dem aufmunternden Faustschlag zur Räson zu bringen, den ich seinem Vorgänger stets verpasste, traue ich mich nicht, denn dieser Apparat, das sieht man ihm an, ist zu sensibel und hat außerdem das Dreifache des alten gekostet. Es nützt nichts, jemand vom Fach muss einen Blick auf ihn werfen, und zwar sofort, es ist schließlich Sonnabend. Der herbeieilende Fachmann sieht sich das Gerät erst mal von allen Seiten an. »Auch nicht gerade das neueste Modell«, bemerkt er und fügt tröstend hinzu: »Was nicht ist, kann ja noch werden.« Dann nähert er sich dem Inneren und sagt nach wenigen Minuten: »Hab ich mir's doch gedacht. Hier muss eine Schraube ausgewechselt werden. Die tut's nicht mehr.«

Ich lächle erleichtert über diese, wie ich finde, gute Botschaft und sage fröhlich: »Bei dem ist also eine Schraube locker?!«

»Dummerweise«, fährt der Fachmann ungerührt fort, »habe ich für dieses Modell keine dabei. Ich muss also noch mal wiederkommen.«

Nun ja, einen Tag ohne Fernsehen wirst du überleben, tröste ich mich und frage, wann ich denn am nächsten Tag mit ihm rechnen könne. »Überhaupt nicht«, sagt er freundlich, »frühestens in vierzehn Tagen. Ab morgen gehe ich in Urlaub.« Das sind für uns Alte so Schicksalsschläge, die erst verdaut werden wollen. Aber auch hier bewahrheitet sich der Spruch »Hilf dir selbst, so hilft dir Gott«. Ich gebe meinem sensiblen Fernseher wie seinem Vorgänger einen kräftigen Schubs, und schon sieht mich Frank Plasberg freundlich an, und ich höre seine Ansage: »Wenn Politik auf Wirklichkeit trifft …«

Aber es wäre unfair, nur auf gewissen Untugenden der Handwerker herumzureiten. Es gibt auch andere, die der festen Überzeugung sind, die Zeit spiele für uns Ruheständler keine Rolle mehr. Besonders Banken, Behörden und Versicherungen scheinen dieser Ansicht zu sein. Denn wenn sie eine Auskunft von uns haben wollen, setzen sie streng kurze Fristen, glauben dann aber, sich viel Zeit mit der Antwort lassen zu können. Dabei haben wir Hochbetagten doch gerade das Gefühl, dass die Zeit täglich schneller läuft, nach der Devise: Man steht auf, und der Tag ist rum.

Obwohl wir nach unserer Meinung in den besten aller Zeiten leben, bemerken wir Alten voller Staunen, dass anscheinend in immer mehr Berufen hinter jedem Mitarbeiter jemand mit der Stoppuhr steht. Das fällt natürlich besonders im Pflegebereich auf, wenn die Pfleger mit ihren riesigen Schlüsselbunden wie gehetzt unsere Wohnungen betreten, im Minutentakt ihre Arbeit an uns verrichten und jeden Handgriff aufschreiben. Hier haben wir aber bei dem Tempo, das sie vorlegen müssen, für Verspätung und Warten noch das größte Verständnis. Schließlich können wir ja jeden Tag lesen, wie die auf dem Kopf stehende Alterspyramide nach oben hin immer breiter wird und immer weniger Pflegekräfte zur Verfügung stehen.

Und wie sieht es nun bei uns selber aus? Sind wir, wenn im Freundeskreis Not am Mann ist, gleich zur Stelle? Lassen wir nie jemanden warten? Neulich rief mich eine Freundin an, die eine hassenswerte Angewohnheit hat. Sie handelt ohne Auftrag. »Stell dir vor, wen ich getroffen habe!«, begann sie das Gespräch. »Luise. Wir waren doch zusammen mit ihr im Internat. Der Armen scheint es wirklich nicht gutzugehen. Sie hat Wochen im Krankenhaus verbracht und mich sehr nach dir gefragt. Ich habe ihr gesagt, du würdest sie bestimmt mal anrufen. Hier ist ihre Nummer.«

Während ich etwas verdutzt nach einem Kugelschreiber suchte, fiel es mir wieder ein: Luise war im Internat eine Klasse über mir und erdreistete sich, mir, dem Neuling, schon am ersten Tag mit einer Belehrung zu kommen. Als ich ziemlich verwirrt von der neuen Umgebung, Eltern und Tieren nachtrauernd, auf einem Stuhl in dem mir zugewiesenen Zimmer saß, kam sie herein und sagte in herablassendem Ton: »Was heulst du hier herum? Pack lieber deinen Koffer aus.« Ich war empört. Schließlich hatte ich mir nur die Nase geputzt. Und diese nassforsche Person, die mir schon einmal vor einem halben Jahr über den Weg gelaufen war und mich mit ihren zwanzig entzückenden Enkeln geödet hatte, sollte ich anrufen? Da konnte sie lange warten …

Das wird böse enden

Mit unserem wachsenden Eigensinn bringen wir Alten die Umgebung oft zur Verzweiflung. So der neunzigjährige Großvater, der sich nicht davon abbringen lässt, auf seinen Apfelbaum zu klettern, um besonders gut geratene Äpfel, die bekanntlich immer dort hängen, wo niemand rankommt, selbst zu ernten. Der Einwand »Du hast es doch sonst so im Kreuz« wird grundsätzlich überhört. Tatsächlich besteigt er mit Hilfe einer Leiter den Baum noch recht behende, aber dann, oben angekommen, wird ihm plötzlich bänglich. Er rettet sich auf einen dicken Ast, jammert: »Was wollte ich eigentlich hier?« und denkt: Es ist immer dasselbe, nie ist jemand da, wenn man ihn braucht.

Natürlich nicht, denn der Hochbetagte ist ja sonst sehr stolz darauf, noch allein in seinem Häuschen leben zu können, was sich aber im Augenblick mal wieder als nicht sehr günstig erweist. Langsam wird es dunkel und ihm recht mulmig zumute. Trotzdem schwört er sich: Nein, ich werde nicht um Hilfe rufen, wie sieht denn das vor den Nachbarn aus! Glücklicherweise naht Rettung in Gestalt eines Vaters, der auf dem abendlichen Spaziergang mit seinem Sohn an dem Garten vorbeikommt. Der Knabe zeigt auf den alten Mann und ruft begeistert: »Guck mal, Papi, was für eine klasse Vogelscheuche!«

Aber man kann über uns schwierige Alte noch so jammern, für das Theater, für Film und Fernsehen sind gerade wir Bockigen als Vorbild für Schauspieler unentbehrlich und für viele Drehbuchautoren das Salz in der Suppe. Und wir können uns endlich wieder an jenen Mimen erfreuen, die schon lange zu unseren Lieblingen gehören und die wir für ihr großes Talent bewundern. Außerdem versteht man bei ihnen im Gegensatz zu manchen jungen Kollegen jedes Wort. Es liegt also nicht nur – wie immer behauptet wird – an unseren Ohren.

Zu unserem Unheil heraufbeschwörenden Eigensinn passend, entwickeln wir mit zunehmendem Alter mehr und mehr einen sechsten Sinn für mögliche Katastrophen und sind dann sehr zufrieden, wenn sie eintreten. Wir haben es ja gleich gesagt, geahnt und im Gefühl gehabt. Aber auf uns hört ja niemand. Der Lieblingssatz des Helden in »Zur Sache, Schätzchen« – dem einstigen Kultfilm der sechziger Jahre – »Das wird böse enden«, stammt bestimmt von der Großmutter des Drehbuchautors.

Mag man noch so über uns lächeln – »Holzauge, sei wachsam«, dieser Spruch aus unseren Jugendjahren bleibt unsere Devise. So habe ich eine Zweiundneunzigjährige vor kurzem bestaunt, die es, während sie noch stolperte, gleichzeitig fertigbrachte, durch eine elegante Drehung auf dem Rasen und nicht auf dem gepflasterten Gehweg zu landen. Wenn wir uns auf Straßen bewegen müssen, die durch über Monate anhaltende Bautätigkeiten für uns zu gefährlichen Fallen geworden sind, warnt uns noch heute Mutters Stimme: »Kind, heb die Füße!« Geländerlose Treppen fürchten wir ebenso wie jene Türen, denen man bereits von draußen ansieht, dass unsere brüchigen Handgelenke und Schultern es nicht schaffen werden, sie aufzustemmen, so dass wir gelegentlich Passanten um Hilfe bitten müssen. Der Angesprochene ist meist angenehm überrascht, dass wir weiter keinen Wunsch an ihn haben, und öffnet uns mit einem herzlichen »Aber ich bitte Sie, das tu ich doch gern« und beneidenswerter Mühelosigkeit die Tür. Auch ängstigt uns der notwendige Hechtsprung aus dem Bus, der meist dort hält, wo die Entfernung vom Trittbrett zum Gehweg unüberwindlich scheint und unsere Fußgelenke zittern lässt.

Und da liegt man dann auch schon, man hat es sich doch gleich gesagt, dass das nicht gutgehen wird, ist aber voll tiefer Dankbarkeit, wenn man sich nichts gebrochen hat.

In solchen Momenten sind wir richtig stolz auf unseren Körper, der sich im Großen und Ganzen doch recht wacker hält, trotz unserer Unkenrufe: »Das wird böse enden.« Was hat er nicht alles bewältigt! Nicht nur die Strapazen des Kriegs, sondern auch bösartige Krankheiten wie Diphtherie, Scharlach und Typhus, und das alles ohne wesentliche Unterstützung der Pharmaindustrie. Diese Leistung billigen wir auch großzügig jener Generation zu, die altersgemäß unserer Meinung nach an den Katzentisch gehört, den Kriegskindern. Ja, ja, Unfälle gab es ein Leben lang nicht zu knapp. Manche davon wurden sogar zu Anekdoten, die aber nun keinen mehr interessieren. Der Onkel nämlich, dem ein besonders erzählenswertes Malheur zustieß, damals noch ein siebenjähriger Knabe, hat längst das Zeitliche gesegnet, und niemand kennt ihn mehr. So will diese früher immer wieder herzlich belachte Geschichte nicht mehr so recht zünden. Dieser Onkel Eduard fiel – man kann sich das heute gar nicht mehr vorstellen – aus der fahrenden Kleinbahn, aber Gott sei Dank in einen Brombeerbusch, was einerseits sehr schmerzhaft, andererseits auch seine Rettung war, so dass er sich nur das Schlüsselbein brach. Als er sich aus diesem Busch herausgewühlt hatte, war der Zug längst über alle Berge. Aber Eduard erwies sich, wie es sich für einen deutschen Jungen damals gehörte, als harter Bursche. Er schluchzte nicht sinnlos vor sich hin, sondern trat gleich den Weg zur Kleinbahnstation an. Als erfahrenes Landkind stapfte er nicht, wie ein Stadtkind es getan hätte, auf dem direkten Weg durch das kurz vor dem Schnitt stehende Gerstenfeld, sondern durchquerte eine entferntere Koppel – eine zu lobende, aber leider keine gute Wahl, denn die Bullkälber nahmen ihn sogleich aufs Korn und jagten auf ihn zu und hinter ihm her. Doch Eduard erwies sich am Ende als blendender Läufer.

Gern würde die Großtante hin und wieder die Geschichte von Onkel Eduard erzählen und wie das alles so war mit der Kleinbahn, in der sich der Schaffner während der Fahrt von Tür zu Tür hangeln musste, von den vielen Maikäfern, die auf die Kleinbahn purzelten und der gelegentlichen Kuh, die es sich auf dem Gleis gemütlich machte und trotz vielen Geschreis und drohender Handbewegungen wenig Einsicht zeigte, so dass es oft Verspätungen gab. Aber schon bei dem Namen Eduard zuckt die Nichte zusammen und ruft: »Tantchen, ehe ich's vergesse – ich muss dir ja noch unbedingt die Bilder von meinem Klassentreffen zeigen!«

»Klassentreffen?«, sagt die Tante leicht verschnupft. »Es ist doch schon mindestens vierzig Jahre her, dass du Abitur gemacht hast. Und außerdem gab es kurz davor einen Riesenkrach, weil du unbedingt die Schule wechseln wolltest.«

Wir ehemaligen Leistungsträger aus der Steinzeit wissen trotz unseres hohen Alters und unseres Hangs, den Teufel an die Wand zu malen, noch sehr gut, wo's langgeht – immer vorausgesetzt, wir haben noch unsere fünf Sinne beisammen, die, wie man uns ständig unter die Nase reibt, mit jedem weiteren Lebensjahr schneller verlorengehen können. Mag alles sein, aber noch empfinden wir uns als Respektspersonen, die sich viele, wenn auch etwas pessimistische Gedanken um das Wohl und Wehe unseres Volkes machen. Wären wir dafür verantwortlich, würde weniger übel enden, denn wir würden als Erstes eine Menge verbieten. Jeder Politiker, egal in welcher Stellung, dürfte allerhöchstens einmal in der Woche in den Medien zu Wort kommen und nicht wie jetzt manchmal dreimal am Tag. Wir würden jedem Journalisten diese Berufsbezeichnung aberkennen, wenn er einen gerade vom Schicksal schwer gebeutelten Menschen in seiner Wohnung überrumpelt, ihm ein Mikrophon unter die Nase hält und fragt, wie er sich jetzt fühlt. Wir würden Floskeln verbieten wie »Was kann ich für Sie tun?«, »Wir bitten um Ihr Verständnis« oder das »Dankeschön« auf dem Kassenbon, überreicht von einer besonders mürrischen Kassiererin. Wir würden jeden Politiker, der ständig das Wort Bildung im Munde führt, aber nichts unternimmt, wenn in seiner Stadt aus Kostengründen eine öffentliche Bücherei nach der anderen verschwindet, zwingen, sein Mandat niederzulegen, denn seinetwegen steht er da, der Bildungswillige aus der bildungsfernen Unterschicht, und bekommt nicht einmal die Chance, sich ein Buch auszuleihen. Wir Alten, das steht fest, würden alles besser machen. Aber uns fragt ja keiner oder höchstens dann, wenn Wahlen bevorstehen. Und dass die von uns gewählte Partei im Keller landet, haben wir ja gleich gesagt!

Die Großtante begibt sich in die Küche und versucht, eine Dose zu öffnen. Leider sind auch bei ihr die Worte der großen Dichter und Denker verlorengegangen und statt etwas Klassischem singt sie vor sich hin: »Sie müssen erst den Nippel durch die Lasche zieh'n und mit der kleinen Kurbel ganz nach oben dreh'n.« Sie verbringt eine etwas unruhige Nacht, denn der Körper beginnt mal wieder mit ihr zu hadern. Und während sie versucht, wenigstens ihre Gedanken zu ordnen, summt sie: »Guten Morgen, liebe Sorgen, seid ihr auch schon alle da? Habt ihr auch so gut geschlafen? Na, dann ist ja alles klar.« Sie setzt sich im Bett auf und lässt ihre Beine über die Bettkante baumeln. »Nur nichts überstürzen.« Sie erhebt sich und sinkt gleich wieder aufs Bett zurück, weil ihr die Beine den

Dienst verweigern. Ruhe ist die erste Bürgerpflicht, denkt sie, sonst tritt womöglich ein, was die Familie schon seit ewig und drei Tagen predigt: »Eines Tages wirst du hinfallen. Der Schlüssel wird von innen in der Wohnungstür stecken, so dass niemand reinkann, und dann hast du den Salat.« Kein Zweifel, es werde böse mit ihr enden. Ihr Einwand, so was wie ein kleiner Schwächeanfall sei doch eine schnell vorübergehende Geschichte, sie mache schließlich jeden Morgen Gymnastik, beeindruckt niemanden. »Ja, ja«, sagen sie mitleidig herablassend, »was du so unter Gymnastik verstehst. Eins muss man dir allerdings lassen, um Ausreden bist du nie verlegen.«

Aber die Großtante behält recht. Ihre Beine besinnen sich eines Besseren und sind für den Tag bereit. Glücklicherweise, denn ihr fällt nun plötzlich ein, dass sich Besuch angesagt hat, der einzige Sohn einer Cousine, das Wunderkind genannt. Die Mutter kann bis heute noch nicht glauben, so etwas Einmaliges geboren zu haben. Dieses Wunderkind, das den Namen Rüdiger trägt, brachte schon als Baby das Unglaubliche zustande, beim Fläschchennuckeln gleichzeitig mit großer Lautstärke zu schreien. Dass er weit früher als jedes normale Kind laufen, sprechen, radfahren und mit Messer und Gabel essen konnte, muss nicht weiter erwähnt werden. Sogar in der Schule war er allen voraus und übersprang zwei Klassen. Leider macht dieser kluge Knabe seine Mutter nicht vor Entzücken sprachlos, sondern sie fühlt sich berufen, jedem, der ihr über den Weg läuft, diese Wunder mitzuteilen. Nun aber ist er Mitte zwanzig, hat Schule und Universität bereits hinter sich gelassen und angeblich eine rasante Karriere begonnen. Wie die allerdings aussieht, weiß niemand so recht, macht doch seine Mutter ein großes Geheimnis daraus. »Wahrscheinlich ist er bei der Müllabfuhr gelandet, als Manager«, spottet einer seiner Vettern, der mit weit über dreißig immer noch auf der Universität herumhockt.

Und nun hat Rüdigers Mutter bei der Großtante angerufen und den Besuch des Wunderkindes angekündigt. »Er will dich unbedingt sehen.« Die Tante kommt ins Grübeln. Rüdiger war das letzte Mal vor zehn Jahren bei ihr. Von übergroßer Anhänglichkeit kann also kaum die Rede sein. Vielleicht ist er bei einer Versicherung gelandet und will sie als Kundin werben, will ihr eine Immobilie andrehen oder sie einfach anpumpen. Aber sie, die Uralte, kriecht niemandem so schnell auf den Leim. Holzauge, sei wachsam.

Vielsagend sieht sie auf die Uhr, als er schließlich ihre kleine Wohnung betritt. »Bisschen später geworden, Tantchen«, sagt er und lässt sich auf einen Stuhl fallen, ohne ihre Einladung abzuwarten.

»Du weißt«, sagt die Tante bereits leicht gereizt, »Pünktlichkeit ist die Höflichkeit der Könige.«

Er grinst. »Ich hab schon davon gehört.«

Während sie den Kaffee aufgießt, grübelt sie vor sich hin. Nach einer steilen Karriere sieht der junge Mann nun wirklich nicht aus mit seinen abgewetzten Jeans und dem T-Shirt, das geradezu nach der Waschmaschine schreit. Das Gespräch aber, muss sie zugeben, läuft ganz locker, bis sie merkt, dass er sie dabei beobachtet.

»Nu mal raus mit der Sprache«, sagt die Großtante energisch, »warum bist du überhaupt gekommen, und was willst du?«

»Kindheitserinnerungen«, sagt er lächelnd. »Mami hat doch ewig und drei Tage gebratene Leber in mich reingestopft. Mich gruselt's jetzt noch, wenn ich daran denke. Du warst zu Besuch und hast dir dieses Theater kopfschüttelnd mit angesehen. Einmal hat während des Mittagessens das Telefon geklingelt, und während Mami telefonierte, hast du blitzschnell die Teller zusammengestellt und in die Küche gebracht. Als Mami zurückkam, hat sie gefragt: ›Hat er auch alles aufgegessen?‹ – ›Alles‹, hast du gesagt. Das habe ich dir nie vergessen.«

Die Tante ist gerührt. Eigentlich war er ein sehr nettes Kind, und seinen Charme hat er nicht verloren. Nach dem letzten Stück Kuchen räkelt er sich im Sessel, wippt mit dem Fuß, sieht sie freundlich an und sagt: »Und jetzt möchte ich …«

»Ich weiß schon«, unterbricht ihn die Tante, »etwas Belebendes aus der Flasche und nicht aus der Kanne.«

»Falsch«, sagt er. »Jetzt möchte ich die Geschichte von Onkel Eduard hören. Die fand ich immer klasse.«

Ich sag's ja immer, denkt die Großtante, die jungen Leute von heute sind viel netter, als man glaubt. Wenn sie mal das Sagen haben und wir womöglich, was das Alter betrifft, sogar den Schauspieler Heesters überflügeln, werden sie kein Gesetz dulden, das uns verpflichtet, bei Rot über die Kreuzung zu gehen.

»Nun erzähl mal, Tantchen«, fragt einen Tag später eine der Nichten, »was für einen interessanten Beruf hat denn nun unser Wunderkind? Und was verdient er?«

»Keine Ahnung«, sagt die Tante. »Typisch für deine Generation. Immer nur ans Materielle denken. Wie soll das mal enden!«

Das Motivationspotential

Was das hohe Alter so mit sich bringt, ist leider nicht immer erfreulich. Dazu gehört auch die »Entdeckung der Langsamkeit«. Sie erinnert uns täglich daran, wie wir – es ist noch gar nicht so lange her –, wenn es sein musste, in einem Viertel der Zeit, die wir jetzt brauchen, gewaschen, gekämmt, gebürstet und gekleidet am Frühstückstisch saßen. Heute vergeht mit dieser Tätigkeit oft der halbe Vormittag, und wir kriegen fast einen Herzschlag, wenn es um elf plötzlich stürmisch an der Wohnungstür klingelt und ein von der Wohnungsgesellschaft angekündigter Handwerker vor uns steht, wo wir noch nicht einmal das Bett gemacht, die Küche aufgeräumt und das Badezimmer in Ordnung gebracht haben. Denn während wir so durch die Wohnung schusseln oder gerade im Bad mit der umständlichen Morgenwäsche und Eincremerei beschäftigt sind, meldet sich bestimmt das Telefon, rutscht uns vor Schreck die Seife aus der

Hand und hat sich die Brille verkrümelt. Wir fühlen uns restlos überfordert. Und dabei konnten wir doch noch vor kurzem, ohne viel nachzudenken, mehreres neben- und nacheinander tun: telefonieren, nach Briefmarken suchen, das Mittagessen in die Mikrowelle stellen, Nachrichten hören, ein Marmeladenglas oder eine Konservendose mühelos öffnen, das Fenster schließen und alte Zeitungen aussortieren. Und jetzt? Wir haben das Gefühl, nur einmal kurz durchgeatmet, und der Vormittag ist perdu. Doch nicht nur die Langsamkeit unseres Körpers macht uns zu schaffen, sondern auch in unserem Kopf findet, um es einmal zeitgemäß auszudrücken, eine wachsende »Entschleunigung« statt. Von unserem Gehirn könnten die Gewerkschaften, was den Arbeitskampf betrifft, noch eine Menge lernen, denn unser Gedächtnis streikt schnell.

Leider ist unser Körper nicht nur langsamer, sondern auch launischer geworden. An einem Tag fühlt man sich überraschenderweise topfit, so dass man bei sich denkt, dabei sein ist alles, und verspricht, am Familientreffen teilzunehmen. Der Tag ist gekommen, und gerade heute fühlt man sich lustlos und matt. Und so passiert, was vorauszusehen war. Man schläft nicht nur während der Tischrede ein, sondern verpasst dadurch auch eine hochinteressante Auseinandersetzung zweier sich feindlich gesinnter Erben. Außerdem zwingen uns die Launen unseres Körpers zu ständigen Rechtfertigungen. »Die Rouladen scheinen dir nicht zu schmecken. Ich dachte, sie gehören zu deinen Lieblingsgerichten. Du hast es heute mit dem Magen? Und deswegen die halbe Nacht im Badezimmer verbracht? Das sieht man dir aber gar nicht an. Du siehst blendend aus!« – »Warum trägst du bei diesem herrlichen Sommerwetter den dicken Pullover? Du frierst so? Das kann nicht sein.«

Also rechnen wir nicht mit Verständnis. Vor zehn Jahren haben wir selbst auch nicht gewusst, wie schnell nun unsere Beine stolpern können, und jetzt schleichen wir, wenn es dunkel geworden ist, Fuß vor Fuß setzend vorsichtig mit gesenktem Kopf, um jedes nahende Unheil rechtzeitig zu entdecken, durch die Straßen. Eben noch war man ein vielgelobter Senior, der jeder Lebenslage gewachsen ist, nun bringt man plötzlich alles durcheinander und macht mit finsterer Zielstrebigkeit immer das Verkehrte. »Tantchen, wo willst du denn hin? Das ist das falsche Auto. Meins steht doch direkt neben dir.« – »Halt, halt, warte! Nun reg dich nicht auf. Es ist halb so schlimm, dass du dich auf meinen Hut gesetzt hast!« – »Was suchst du denn? Deine Tasche? Wahrscheinlich liegt sie auf dem Rücksitz. Liegt sie nicht? Ganz ruhig bleiben. Dann kehren wir eben noch mal um.«

Der alte Mensch muss also in unserer temporeichen Zeit nicht nur noch einigermaßen flexibel sein, sondern auch Fähigkeiten entwickeln, um mit der wachsenden Entschleunigung von Körper und Geist fertig zu werden. Zu diesen gehört vor allem ein dickes Fell, damit wir über all das, was die folgenden Generationen an uns seltsam finden und ungläubig bestaunen, lachen können. Natürlich ist man dankbar, noch kein Pflegefall zu sein und selbständig seinen Haushalt führen zu können. Aber dass man es sein muss, wollen wir nicht immer hören. »Du kannst von Glück sagen und musst dankbar sein, dass es dir noch so einigermaßen geht. Cousine Elsa hat es da viel schlimmer erwischt. Sie hat den dritten Schlaganfall.« Diese Ermahnung erinnert mich immer an den Kriegsdienst, wenn wir gelegentlich über allzu lange Arbeitszeit murrten und zu hören bekamen, wie gut wir dran waren im Vergleich zu den Soldaten an der Front. Und heute weist man uns erzieherisch darauf hin, dass wir froh sein sollen, noch lesen, schreiben und sprechen zu können, und das hören wir gelegentlich ausgerechnet von jemandem aus der Generation mit dem Markenzeichen »Das steht mir zu!« oder »Was krieg ich dafür?« Dass wir selbst das Wort Dankbarkeit gegenüber gerade dieser Generation gern im Munde führen, ist natürlich ganz etwas anderes.

Alleinstehende, die des Tages Last und Müh auch allein stemmen müssen, beneiden oft alte Ehepaare, die diese Jahre gemeinsam erleben. Aber auch sie haben ihre Schwierigkeiten im Sinne des Verses »Das eine Pferd das zieht nicht, das andere das ist lahm«. Und die Aufforderung der Bibel »Einer trage des anderen Last« zu erfüllen ist leider oft nicht möglich.

Was kann man also tun, um die letzte Wegstrecke mit Anstand zu meistern? Augen zu und durch ist zwar in manchen Situationen, aber nicht in allen wirksam. Dafür bietet uns Alten seit neuestem ein respektables und zuverlässiges Hilfsmittel Sicherheit, das sogenannte Motivationstraining. Wenn wir uns also total geschockt in einem fremden Spiegel betrachten – der eigene geht dank der Gewohnheit viel milder mit uns um –, sollten wir uns an das erinnern, was wir in dem hochinteressanten und wissenschaftlich untermauerten Artikel unserer Tageszeitung gelesen haben, nämlich, dass auch in uns Uralten ein ungeheures Motivationspotential steckt, das nur darauf wartet, geweckt zu werden. Sofort beginnen wir mit dem Training. Als Erstes sagen wir: »Heute ist ein toller Tag!« Dann vergleichen wir uns mit einer Hummel, die, wie wir erfahren haben, einen viel zu schweren Körper besitzt, um mit ihren winzigen Flügeln fliegen zu können, es aber trotzdem schafft. Und wieso? Sie ist stark motiviert und hat deswegen den festen Willen zu fliegen. Betrachten wir uns also tapfer noch einmal in diesem gnadenlosen Spiegel, und sprechen wir laut mehrmals einen alten Sponti-Spruch vor uns hin: »Früher war ich eitel. Heute weiß ich, ich bin schön!« Und wenn das nichts hilft, denken Sie meinetwegen wieder an diese dusselige Hummel.

Warum in die Ferne schweifen

Bereits zu Anfang des Jahres 2010 hat uns die Natur zwei außergewöhnliche Ereignisse beschert, und das sogar im eigenen Land. Im Allgemeinen sind wir ja gegen Katastrophen verschiedenster Art ziemlich abgehärtet, was wir an erster Stelle den Medien verdanken. Sie berichten uns sehr detailliert über Erdbeben, Feuersbrünste, Überschwemmungen, Riesenwellen und was es sonst noch so gibt und halten uns auf dem Laufenden. Nun neigen wir Uralten dummerweise dazu, alles, was wir an Neuigkeiten zu hören, zu sehen oder zu lesen bekommen, sofort anderen Menschen mitzuteilen, ohne auf unser Gedächtnis Rücksicht zu nehmen, das sich gerade zur Ruhe begeben hat und, noch halb schlafend, alles durcheinanderbringt. Etwa, wenn wir von einem Erdbeben berichten, das zum ungläubigen Entsetzen der Zuhörer – »Du kannst dich hundertprozentig darauf verlassen« – angeblich vor einer Stunde im Rheinland stattgefunden hat. Doch mit diesen beiden »Katastrophen« Anfang des Jahres sah es natürlich ganz anders aus. Diesmal bekamen wir selbst die Folgen zu spüren.

Da war als Erstes der Winter, in unseren alten Augen ein ganz normaler, aber wenn man den Medien Glauben schenken durfte, kamen wir gerade noch so an einem Weltuntergang vorbei. Mit seinem Schnee und Glatteis brachte er es fertig, dass die verantwortlichen Politiker in den Großstädten sich völlig hilflos zeigten und als ziemliche Deppen dastanden. Auch verbannten die unbegehbaren Straßen uns Alte monatelang in unsere Wohnungen. Aber kaum war der Winter endlich abgehakt, machte sich in Island der Vulkan Eyjafjallajökull mausig, ein reiner Zungenbrecher, den niemand von uns aussprechen konnte. Nur Freund Pauls Urenkel, der seinem Urgroßvater das Bloggen beigebracht hatte und sich nach Meinung seiner Eltern bereits den Fußstapfen von Einstein näherte, war als Einziger diesem Buchstabensalat gewachsen, was uns der Urgroßvater gern mit großem Stolz vorführte. »Sven, kommst du bitte mal? Deine Großtante möchte gern wissen, wie dieser Vulkan heißt.«

Sven kam höflich angetrottet und tat, was man von ihm erwartete. »Kann ich jetzt wieder gehen?« –, und wir konnten mal wieder sehen, was es doch für freundliche, kluge, guterzogene Kinder gibt.

Nun lag dieser isländische Vulkan nicht gerade in unserem Blickfeld, aber was er mit seinem Ausbruch anrichtete, traf uns Deutsche wirklich hart. Denn nach dem zurückliegenden strengen Winter hatte der Bundesbürger nur noch einen Wunsch: raus aus dem Grau und rein in die Sonne. Immerhin muss man zur Ehrenrettung des Vulkans erwähnen, dass er sich mit dem Zeitpunkt seines Ausbruchs sehr rücksichtsvoll zeigte und mit seinen Spuckkünsten wartete, bis die Osterzeit samt Ferien in der Bundesrepublik vorbei war. Bis dahin hatten uns Lava und Asche spuckende Vulkane kaum gestört, aber hier sah die Sache anders aus. Dieser Vulkan erzeugte eine Aschewolke, deren Partikel für die Flugzeuge noch gefährlicher als für die Menschen waren. Außerdem machte sich diese Wolke sofort auf den Weg Richtung Deutschland und andere europäische Länder, um uns allen das Fliegen zu vermiesen. Auch hier waren die Berichte dramatisch. Die winzigen Aschepartikel konnten anscheinend die Triebwerke der Flugzeuge lahmlegen, und so war es durchaus möglich, dass unser beliebtestes Transportmittel vom Himmel fiel.

Dank der Rücksicht dieses Vulkans nun waren inzwischen alle Reiserentner, für die es ganz selbstverständlich ist, den Winter auf Mallorca oder auf den Kanaren zu verbringen, wieder heimgekehrt. So brauchte sich auch unser Freundeskreis nur noch um eine Person Gedanken zu machen, um Mollie, unser Küken, die allerdings ihrem Spitznamen keine Ehre macht. Im Gegenteil, sie besitzt eine beneidenswert gute Figur und ist, wie wir fast zwanzig Jahre Älteren finden, ein wenig zu jung für unseren Kreis, in dem die wenigen Männer leicht verschreckt nur noch von holder Weiblichkeit in Gestalt gesprächiger Greisinnen umgeben sind. Für sie ist Mollie eine große Bereicherung, die wir ihnen von Herzen gönnen, denn auch wir Frauen sind ihr sehr zugetan, wenn wir auch ein wenig an ihr herumerziehen oder erstaunt fragen: »Lila Nagellack? Trägt man das jetzt?« Mollie ist, wie man früher gesagt hätte, ein rechter Wirbelwind, heute würde man es wahrscheinlich hyperaktiv nennen. Aber schließlich ist Mollie, von der Warte unseres hohen Alters betrachtet, auch ein Kind der Zeit. Rein ins Auto, raus aus dem Auto. Immer auf Achse, immer in Aktion. Deshalb sind wir gerührt, dass sie uns die Treue hält und sich in unserer Gegenwart anscheinend sehr wohl fühlt, was wahrscheinlich daran liegt, dass sie ein Kriegskind ist. Als wir bereits unsere BDM-Kluft abgelegt und den Reichsarbeitsdienst hinter uns gebracht hatten, wurde sie geboren. Es war zwar schon Krieg, aber noch durfte die deutsche Frau ganz Mutter und Heimchen am Herd sein und war weder in der Rüstungsindustrie noch zum Kriegsdienst verpflichtet worden. Erst mit knapp fünf Jahren wurde es auch für Klein-Mollie richtig ungemütlich. Von oben die Bomben, im Rücken die Russen, legte sie auf ihren kleinen Füßchen viele Kilometer zurück, und das Lagerleben mit Frieren und Hungern gehörte zum Alltag. Jetzt aber, mit siebzig Jahren, geht es ihr so richtig gut. Sie kann teils vom Verdienten, teils vom Geerbten ein angenehmes Leben führen. Sie war zweimal verheiratet, ist aber kinderlos geblieben und besitzt jetzt eine schmucke Eigentumswohnung in einem gepflegten Viertel mit netten Nachbarn. Obgleich sie es nicht mehr nötig hat, hält Mollie es weiterhin mit dem Spruch »Sich regen bringt Segen« und verdient zusätzlich recht ordentlich als Werbemodell. Seit neuestem sind ja die älteren unter ihnen sehr gefragt, und wir konnten sie kürzlich sogar im Fernsehen bewundern, wie sie dank eines Herzmittels mit der Hurtigkeit einer Gemse einen Felsen hochklettert. Die Agentur hat ihr ein früherer Freund ihres verstorbenen Mannes vermittelt. Er besitzt ein hübsches kleines Grundstück mit Häuschen, nicht weit von ihrer Wohnung, und hat ihr gelegentlich bei ihrer Steuererklärung geholfen oder wenn es etwas zu reparieren gab. Sie erwähnte ihn manchmal, aber nur flüchtig. Und er schien keineswegs zu ihren Favoriten zu gehören. Trotzdem konnten wir es nicht lassen, von Neugier geplagt, mal ein wenig nachzuhaken. Sie schüttelte nur den Kopf und meinte mit einem Auflachen: »Nehmt's mir nicht übel, so ist er ja wirklich nett, aber für mich einfach zu alt. Er ist ja schon achtzig!«

»Hochmut kommt vor dem Fall«, warnte Freund Paul, der kurz vor seinem Neunzigsten steht. »Komm uns bloß nicht mit so einem Schnösel von Mitte sechzig.«

»Mitte sechzig«, sagte Mollie. »Das ist doch

wohl nicht dein Ernst?! Für mich ist Mitte fünfzig die oberste Grenze.«

Wir lachten. Mollie neigt nun mal ein wenig zur Übertreibung, aber sie war felsenfest davon überzeugt, dass ihr das Schicksal noch einmal einen netten Partner präsentieren würde. Allerdings war die Auswahl, die sie uns nach jedem Urlaub auf Fotos zeigte, nicht so ganz nach unserem Geschmack. Es waren ziemlich abenteuerliche Typen, und einer sah mit seinem Vollbart aus wie ein flaumiger Kaktus mit Augen. »Nett«, sagten wir stets höflich. »Wirklich nett, aber du weißt ja, nichts überstürzen.« Diese Herzensangelegenheiten verliefen dann auch recht schnell im Sande, und Mollie ging unermüdlich weiter auf die Jagd.

Merkwürdigerweise, was gar nicht so zu ihrer sonstigen zielstrebigen Art passt, leidet sie erheblich unter Reisefieber, und es ist jedes Mal ein ewiges Hin und Her, bis sie schließlich den Absprung findet. Sobald sie in ihrem Urlaubsort angekommen ist, meldet sie sich sofort beim Großvater des Wunderknaben Sven, der als Einziger von uns E-Mails empfangen kann, und Freund Paul gibt ihren Inhalt getreulich an uns weiter. Mollie kann sich noch so richtig freuen und alles Neue genießen, und das tut sie uns stets kund. Das Hotel, egal in welchem Land, ist immer einmalig, die Kellner sind fabelhaft höflich und die anderen Gäste einfach reizend. Und so wunderte es uns nicht, dass sie jetzt, zum ersten Mal auf Teneriffa, das Loblied des Gastlandes ebenso sang, und doch lief diesmal alles ein klein wenig anders. Wir erfuhren nicht nur, dass sie einen großartigen, ihr bereits flüchtig bekannten Herrn getroffen habe, der sich rührend um sie kümmere und sie zu allen Sehenswürdigkeiten begleite, sondern auch, dass sie sich seinetwegen entschlossen habe, ihren Aufenthalt zu verlängern. Wir sollten ihr die Daumen drücken, dass es mit dem Umbuchen klappe. Wir hörten es mit einem gewissen Neid. Es musste jetzt auf den Kanaren herrlich sein. Während hier trostloses Wetter herrschte, aalte sich Klein-Mollie in der Sonne.

Und dann, genau am Tage ihrer Rückreise, trat der Vulkan in Aktion. Wir verfolgten in den Medien, was sich in Europas Flughäfen abspielte, wie Geschäftsleute, Touristen und Politiker ständig ihre Pläne ändern mussten, wie Menschen in überfüllten Räumen auf uns Alten noch wohlbekannten Feldbetten übernachteten und sogar die Bundeskanzlerin quer durch Europa irrte. Doch es ging nicht nur um das, sondern vor allem auch um die Kosten, die Kosten, die Kosten! Uns, den armen Steuerzahlern, wurde ständig vorgerechnet, welche Millionenschäden der Ausbruch des Vulkans weltweit anrichtete. Wir aber empfanden Millionen fast als Erleichterung, so sehr sind wir inzwischen an Milliarden gewöhnt. Wir konnten beobachten, wie einer der schmucken Moderatoren eines öffentlich-rechtlichen Senders in Island tollkühn ein kleines Flugzeug bestieg und mit ihm den rebellischen Vulkan umkreiste, was allerdings seiner wohlgepflegten Jugendlichkeit ohne eine ihm zur Verfügung stehende Maskenbildnerin nicht sehr gut bekam. In dieser Zeit, in der mal wieder endlos diskutiert wurde, ob sich die Menschheit mit allzu viel Technik nicht ihr eigenes Grab gräbt, schlich sich in die Medien etwas ein, was sogar wir Alten längst ad acta gelegt hatten, die Wörter »Ruhe« und »Stille«. Zigmal bekamen wir den Spruch »In der Ruhe liegt die Kraft« vorgesetzt, und das Wort »Entschleunigung« machte sich wieder breit, das, wie wir lernten, in der modernen Arbeitswelt bedauerlicherweise nichts verloren hat, habe man doch heute zu jeder Tageszeit ständig zur Verfügung zu stehen. Es waren also aufregende und anstrengende Tage.

Nur Mollie hatte an der Seite ihres neuentdeckten Freundes alle Warterei und Aufregung – »Geht unser Flieger nun oder geht er nicht?« – glänzend überstanden, denn sie hatte das große Los gezogen. Endlich, endlich hatte es geklappt, und sie kam mit einem festen Partner zurück. Sie präsentierte uns einen freundlichen, noch recht alerten achtzigjährigen Herrn. Es war der gelegentlich flüchtig erwähnte Nachbar. Und Freund Paul sagte: »Warum in die Ferne schweifen …«

Der kritische Blick

Die meisten meines Jahrgangs haben den folgenden Generationen etwas voraus: Sie können noch vergleichen, tun das leider aber häufig mit kritischem Blick und bei Gelegenheiten, bei denen das die Familie zum Kochen bringt oder zumindest zum Köcheln. So etwa, wenn man, als Alleinstehender aus reiner Herzensgüte zum Heiligabend eingeladen und die Flut der Päckchen auf den Weihnachtstischen der Kinder bestaunend, ganz nebenbei bemerkt, wie wahnsinnig man sich 1946 über ein Stück Seife gefreut hat. Auch unser Stirnrunzeln über die Art, wie die kleinen Lieblinge unserer Gastgeber ihre liebevoll eingewickelten Geschenke ritsch, ratsch aus der Verpackung reißen, das kostbare Weihnachtspapier zusammenknüllen und auf die Erde schmeißen, anstatt es zu glätten und sorgsam zu falten, wird nicht gern gesehen. Aber womöglich noch den Kopf schütteln, weil es dem Geschenk ebenso wie dessen Verpackung geht und es nach kurzer Betrachtung mit der Bemerkung: »Hab ich schon« aussortiert wird, ist geradezu ein Sakrileg. Halten wir also besser den Mund, und sparen wir uns die Bemerkung, wie lange wir doch früher auf eine Ritterburg, eine Puppe oder gar einen Puppenwagen warten mussten, wie karg überhaupt unsere Weihnachtstische ausgestattet waren und dass das Hauptgeschenk aus einem Kleidungsstück bestand, das sowieso hätte angeschafft werden müssen. Auch bei dem Anblick des funkelnagelneuen Fahrrades wird man mit dem Ausruf: »Da wart ihr ja sehr spendabel, das alte war doch höchstens ein halbes Jahr alt!« nicht unbedingt auf Zustimmung stoßen. Hier hängt es allerdings davon ab, ob bei dem Ehepaar große Harmonie oder eine gewisse Spannung herrscht. Bei Letzterem kann man damit rechnen, dass der Ehemann zustimmend nickt und sagt: »Ich war von Anfang an dagegen.« Anderenfalls wird er etwas flapsig antworten: »So ein lumpiges Rad können wir uns schließlich noch leisten.« Hierzu muss jedoch gesagt werden, dass es meist die weiblichen Gäste sind, die an diesem oder jenem, was ihnen zu üppig erscheint, ihre Zunge wetzen. Männer sind da anders. Sie finden die Tochter oder

Schwiegertochter sowieso einmalig und ohne jeden Tadel und hoffen nur insgeheim, dass der vom Schwiegersohn oder Sohn ausgesuchte Wein nach ihrem Geschmack ist, denn der »gute Junge«, nun auch schon den siebzig näher als den fünfundsechzig, hat leider von solchen Getränken keine Ahnung.

Aber der schlimmste Fauxpas, den sich der Weihnachtsgast leisten kann, ist, den Weihnachtsbaum seiner Kindheit mit dem der Gastgeber kritisch zu vergleichen und mal wieder in Nostalgie schwelgend zu erzählen, wie einst zu Hause das Lametta Faden für Faden aufgehängt wurde. Nach wie vor sind diese Weihnachtssymbole, egal wie sie aussehen, krüppelig, struppig, bis an die Decke reichend oder im Blumentopf, für die Beurteilung tabu. Das war schon in meiner Kindheit so. Außerdem ist ein Gespräch über den Sinn und Zweck von Weihnachtsbäumen, ob man sie schmücken oder naturbelassen genießen soll, sehr gefährlich. Es kann in eine heftige Diskussion ausarten, die bei der Atombombe endet.

Ein Kapitel für sich sind für uns Hochbetagte auch Hochzeiten, an denen wir einiges zu beanstanden hätten, aber besser den Mund halten. Selbst die sparsamsten Eltern, die noch unter dem Motto »Wer den Pfennig nicht ehrt, …« aufgewachsen und erzogen worden sind, haben wenig Freude an Geschichten aus Zeiten, als man so arm war, dass sich die Braut das Brautkleid selbstverständlich ausleihen musste. Heutzutage sind Brauteltern wie im Rausch und scheuen selbst vor einem Bankkredit nicht zurück, wenn es um Töchterleins große Hochzeit geht, die doch geradezu fürstlich gefeiert werden soll. Das nicht mehr ganz so junge Paar hat bereits viele Jahre in holder Zweisamkeit gelebt und sich gähnend am Sonntagmorgen gefragt: »Wer macht Frühstück, du oder ich?« Trotzdem sehen die Eltern gerührt zu, wie die Braut ganz in Weiß mit wehendem Schleier die Hochzeitskutsche besteigt. Auch hier ist es wieder der Berg von Geschenken, der uns zum Staunen bringt. Allerdings war in unserer Jugend die Zahl der Eingeladenen bei solchen Feiern wesentlich geringer, während heute zweihundert Gäste nichts Außergewöhnliches mehr sind, und da kommt schon einiges zusammen. Auch der Hochzeitsschmaus ist üppiger als der, der uns früher geboten wurde. Das Essen spielt nun mal, obwohl niemand Hunger leiden muss, eine riesige Rolle, und ständig belehren uns preisgekrönte Köche in Zeitschriften und im Fernsehen, wann, wie, wo man bestimmte Gerichte zubereitet. Da erzeugen wir mit unserer Geschichte, wie groß die Freude war, als ein Gast 1946 uns mit einem fertigen, wenn auch ziemlich zähen Schweinebraten überraschte, nur ein schwaches: »Ach, wirklich?«

Als im Laufe der Jahre die Geschenke immer üppiger wurden, kam meine Cousine, die dank einer großen Familie an vielen Hochzeiten teilnahm, auf eine blendende Idee. Sie steckte zwischen den Wust von ausgepackten oder halbausgepackten wertvollen Gaben einfach ihre Visitenkarte, auf der sie handschriftlich die Hoffnung äußerte, dass ihre bescheidene Gabe dem Geschmack des frischgebackenen Ehepaares zusage. Vierzehn Tage darauf bekam sie prompt einen formvollendeten Dankesbrief, in dem stand, sie habe mal wieder den Nagel auf den Kopf getroffen. Heute allerdings ist dieser Tipp für sparsame Gäste nicht mehr brauchbar, denn jetzt gibt es einen Wunschzettel im Internet, der alles enthält, was das Brautpaar begehrt, einschließlich der Firmen mit Kontonummer, die das Gewünschte parat haben – und das ist nicht gerade billig! Sich den eigenen Hausstand allmählich zusammenzusparen ist heute uncool, und so ist meist die neubezogene Wohnung bereits mit allem ausgestattet, was man sich nur wünschen kann. Wozu hat man schließlich liebe Eltern und Großeltern! Doch nein, auch hier sollten wir, selbst wenn es uns auf der Zunge liegt, nicht auf früher verweisen. Eine Aussteuer wie damals mit solider, wenn auch etwas kratziger Bettwäsche, Servietten, Handtüchern und bestickten Tischtüchern gibt es sowieso schon lange nicht mehr. Dafür aber einen Bausparvertrag und andere schöne Dinge.

Uns sind nur kritische Vergleiche anderer Art gestattet, auch wenn sie nutzlos verhallen. Wir dürfen uns empört über Demonstranten äußern, die durch kurz vor dem Schnitt stehendes Getreide trampeln, »Das wäre früher keinem eingefallen« hinzufügen, und wir werden bei vielen jüngeren Leuten auf Verständnis stoßen, die aber gleich versuchen, uns mit dem Hinweis »Das wird dem Bauern ja alles bezahlt« zu trösten. Ein schwacher Trost, wie ich finde, wenn man die Arbeit bedenkt, die darin steckt, das Getreide überhaupt so weit zu bringen. Mit Zustimmung, solange es sich um fremde Kinder handelt, können wir auch rechnen, wenn wir die süßen Kleinen, die sämtliche Frühlingsblumen im Park ausrupfen und sie sofort wieder wegschmeißen, sehr zu ihrem Nachteil mit den Kindern von früher vergleichen. Nur die Mutter, die ganz entzückt ihren Liebling bei dieser Tätigkeit mit dem Handy fotografiert, zeigt sich völlig verständnislos.

Es ist schon merkwürdig – mit technischen Dingen geht die heutige Generation behutsamer um als mit all dem, woran sich unser Auge erfreut. Da können wir uns den Mund fusselig und noch so viel von früher reden. Es bringt nichts. Aber uns bringt das Vergleichen etwas. Wenn wir uns an das Chaos erinnern, das hinter uns liegt, dann sind wir vor allem dankbar, dass wir jetzt im Alter, in dem der Körper mehr und mehr seine Mucken bekommt, ein recht bequemes Leben führen können, komfortabler als jede Generation vor uns. In solchen Momenten erinnere ich mich noch gut, wie ich nach dem Krieg, vor Kälte schlotternd, zwei »organisierte«, wie man damals fürs Geklaute sagte, Briketts unter dem Arm, meinem Zuhause oder besser gesagt: der zugewiesenen Unterkunft zustrebte, mit dem einzigen Gedanken: »Hoffentlich ist der verdammte Ofen nicht aus«, was er natürlich, wie konnte es anders sein, war, so dass ich mit der ganzen mühsamen Heizerei wieder von vorn beginnen musste. Der ordinäre Fluch, den ich von mir gab, missfiel meinem Vater, und er sagte etwas verwundert: »Warum regst du dich eigentlich so auf? Behalt doch einfach den Mantel an.« Heute aber drehe ich die Heizung einen Tick höher, und schon breitet sich wohlige Wärme aus. Einer unserer größten Wünsche hat sich erfüllt: Nie mehr frieren müssen! Warme Wohnung, warme Kleidung, warmes Wasser – wobei ich gestehen muss, dass ich mit Letzterem auch nicht immer so sparsam umgehe, wie es sich gehört, und dass ich mit der Anschaffung einer Waschmaschine das Gefühl hatte, mir einen großen Luxus zu leisten. Ich sehe uns noch mit einem Minimum an Waschpulver sogar die Bettwäsche mit der Hand rubbeln und sie dann in einem einigermaßen ausgewrungenen Zustand auf die kreuz und quer gespannte Wäscheleine im Zimmer verteilen, wo sich der Geruch der nassen Wäsche mit dem von Vaters Tabak »Marke Eigenbau« und des Blumenkohls in der Kochkiste mischte.

Erinnern wir uns, wenn wir über die heutige Bürokratie schimpfen, daran, dass sie schon damals nicht von Pappe und sehr viel brutaler als heute war. So musste ich einen Fragebogen ausfüllen, der folgende Frage enthielt: »Sind Sie asozial? Wenn ja, warum?« Und das Krankenhaus, in dem ich nach dem Krieg landete, erhielt sofort von der Landesversicherung eine Anfrage, ob sich bei meinem Krankheitszustand ein Krankenhausaufenthalt noch lohne.

Und wenn wir Frauen unzufrieden sind, weil wir eine Bluse oder ein Paar Schuhe durchaus nicht in der passenden Farbe finden können, sollten wir an unsere spärliche Garderobe nach dem Krieg denken, deren zumindest haltbarste Stücke irgendwo aufgetriebene Männerhosen und Röcke aus blaukarierten Bettbezügen oder Wehrmachtsdecken waren.

Jetzt haben wir eine riesige Auswahl zwischen »Indoor«- und »Outdoor«-Kleidung, die, wie in der Beschreibung steht, »sanft zur Haut ist« und »stark gegen Flecken«. Es gibt »erfrischende« Pullover, die für die Haut »Streicheleinheiten« bedeuten und »sie atmen lassen«. Die Auswahl ist groß. Nur jetzt, da unsere Tage gezählt sind, können wir uns all diese schönen Sachen oft nicht mehr kaufen, weil uns das Anprobieren zu sehr erschöpft und wir nur noch nach dem nächsten Stuhl suchen.

Es gäbe noch viel aufzuzählen, worauf wir nicht mehr verzichten müssen, aber was wir nun auch nicht mehr entbehren können, weil es uns zur Selbstverständlichkeit geworden ist, so dass wir gleich zu meckern anfangen, wenn es uns, aus was für Gründen auch immer, nicht mehr zur Verfügung steht. Doch insgeheim wissen wir sehr gut, dass uns vor allem etwas beschert worden ist, was wir Jahre – oder in Ostdeutschland sogar Jahrzehnte – vermissen mussten: die Freiheit von politischer und staatlicher Gängelung. Ich erinnere mich noch sehr gut an eine Situation, in der mich im Kriegsdienst der Kommandeur zu sich beorderte und dann mit einer Stimme, als hätte ich mindestens drei Morde begangen, sagte: »Es ist mir berichtet worden, dass Sie die Fahne nicht gegrüßt haben.« Und jetzt in unserer sicher gelegentlich Kritik herausfordernden Demokratie habe ich seit vielen Jahren nicht ein einziges Mal Ausweis oder Pass zeigen müssen, nicht einmal an zollpflichtigen Grenzen. Ich wurde immer mit einer freundlichen Handbewegung durchgewinkt.

Genug der Dankbarkeiten, die wir Uralten empfinden, die Rücksicht beiseitegelegt und

Kritik geübt! Warum in aller Welt dürfen Radfahrer auf den schmalen Radfahrwegen in beiden Richtungen fahren? Zwar ist es nicht erlaubt, wird aber geduldet. Immer, wenn mich in der Stadt so ein Radfahrer wieder mal fast zur Strecke gebracht hat, denke ich an unseren Dorfgendarmen, einer von altem Schrot und Korn. Er hätte diesen Radfahrer angehalten, die Luft aus beiden Reifen gelassen und Ventile und Pumpe an sich genommen – »Die kannst du dir morgen abholen.« Und ich stelle mir vor, dass der Radfahrer in einem Außenbezirk wohnt.

Nachts geht das Telefon

Es gibt Erinnerungen, die ich sehr in Ehren halte, auch wenn sie heute schwer nachvollziehbar sind. Dazu gehört die an mein erstes Telefon. Schon allein der Start war spektakulär. Die Parterrewohnung in einem Kutscherhäuschen war die erste eigene überhaupt in meinem mehr als vierzigjährigen Leben. Obwohl sie weder Badewanne noch Dusche hatte und keinen Flur, so dass der Besucher mit dem ersten Schritt durch die Tür vor meinem Bett stand, war ich begeistert. Sie hatte in meinen Augen nur ein Manko: keinen Telefonanschluss, so dass eine zweite Leitung gelegt werden musste. Meine Vermieterin, damals so um die achtzig, machte die Techniker darauf aufmerksam, dass der Anschluss an der Gartenseite links zu finden sei. Die Techniker tauschten mitleidige Blicke und begannen auf der rechten Seite. Es wurde ein erlebnisreicher Tag! Beim Buddeln traf man ein Wasserrohr, so dass die Straße sofort wie nach einem Wolkenbruch überschwemmt war, und beim nächsten Spatenstich die Stromleitung. Nur der Kabelanschluss blieb im Verborgenen. Es dauerte zwei aufregende Tage, bis alles wieder im Lot war und ich mein Telefon in Empfang nehmen konnte.

Es war dem Geschmack der Zeit entsprechend schwarz und seine Klingel laut und kräftig. Das Merkblatt dazu belehrte mich in jener Weise, die mir noch vom Krieg her vertraut war, wie ich als Nutzer eines solchen wunderbaren Apparates mit diesem umzugehen habe. Es war mir strengstens untersagt, ihn für kriminelle Dinge zu benutzen. Der Hörer musste nach jedem Gespräch wieder ordnungsgemäß auf die Gabel gelegt werden und nicht daneben. Es war mir verboten, während eines Gewitters Gespräche zu führen, und bei jeder Störung musste unverzüglich die Post benachrichtigt werden, der schließlich diese Kostbarkeit gehörte.

Da stand es nun vor mir, jederzeit greifbar. Nie wieder wie bei meiner früheren Zimmerwirtin scheu um die Ecke gucken und schüchtern fragen müssen: »Darf ich mal eben das Telefon benutzen?« Nie wieder in einer Schlange vor der Telefonzelle anstehen, wobei ich zugebe, dass das auch wieder sehr reizvoll sein konnte, so wenn man das große Glück hatte, kostenlos schwatzen zu können, weil irgendetwas in der Schaltung schieflief. Allerdings erforderte es auch viel Geduld, bis man endlich an der Reihe war, denn niemand hielt sich an den mahnenden Spruch »Fasse dich kurz!«, der über jedem Apparat auf einem Metallschild prangte.

Ein großes technisches Wunder war damals für uns die Durchwahl. Nun brauchte man das Fräulein vom Amt nicht mehr zu bemühen – im Zeitalter des Handys ein alter Hut und unsere einstige Begeisterung kaum noch nachfühlbar.

In meinem Elternhaus duldete mein Vater kein Telefon, und wir waren auf die einzige öffentliche Telefonzelle im Dorf angewiesen. Glücklicherweise wurde sie bei unserem Nachbarn installiert, der nebenbei einen Ausschank für Bier und Schnaps hatte. Als Kinder vermissten wir einen Telefonanschluss nicht. Erst später, als meine Schwester und ich uns zu Kichererbsen entwickelten und meines Bruders Stimme in den Keller rutschte, konnten wir unserer Mutter nachempfinden, wie sehr sie es entbehrt haben musste. Denn was die Gesprächigkeit anging, kamen wir drei Kinder mehr nach ihr, die aus Schlesien stammte, und nicht nach unserem wortkargen märkischen Vater, zu dessen Verwunderung wir nun auch anfingen, zu bestimmten Zeiten das Fenster im Wohnzimmer ein wenig zu öffnen, mit der Behauptung, es fehle an frischer Luft. Vater schüttelte den Kopf über diesen blanken Unsinn. »Sonst jammert ihr ewig und drei Tage, die Kälte in diesem Hause ist nicht auszuhalten.«

Die Rufe der Nachbarin nach ihrer Kuh: »Komm, Olle, komm!«, wechselten nun mit dem schrillen Schrei: »Telefon!«, wobei sie meist vergaß hinzuzufügen, wer von uns denn nun verlangt wurde. Also rannten wir zu dritt oder zu viert los, gefolgt von unserem Bernhardiner Möpschen, der sich dadurch aufgefordert fühlte, Nachbars Katze zu jagen.

Im Krieg waren Beziehungen äußerst nützlich, besonders meine zu einer Telefonistin in der Zentrale, mit der ich zusammen die Schule besucht hatte. Und während der Jagdpächter meines Onkels drei Stunden beim Nachbarn auf seinen Anschluss warten musste, was dem Verkauf an Bier sehr förderlich war, klappte bei mir die Vermittlung innerhalb von zehn Minuten. Beim Fernamt waren wir sowieso sehr beliebt, weil Vater den Damen für ihr Weihnachtsessen stets ein Stück Wild zukommen ließ. In jenen schwierigen Zeiten erwiesen sie sich im Gegenzug als Schutzengel. Sobald unsere Unterhaltungen politisch riskant wurden, räusperten sie sich oder unterbrachen kurzerhand das Gespräch. Nur bei Kriegsende, kurz vor unserer Flucht, klappte es auch mit meinen Anschlüssen nicht mehr so recht. Die Verbindung nach Schlesien kam zwar noch zustande, aber ehe ich mit dem Teilnehmer sprechen konnte, rief die entsetzte Telefonistin: »Oh, mein Gott, da ist ja ein Russe am anderen Ende.«

Und was sagten meine Eltern, als ich ihnen davon berichtete? »Kind, du musst nicht immer so übertreiben!«

Und nun, mit mehr als vierzig Jahren, ein Telefon, ganz für mich allein! Natürlich war die Versuchung groß, erst einmal alle Freunde anzurufen, aber glücklicherweise herrschte, was das Geld betraf, bei mir durchaus Ebbe. Und so blieben liebe Menschen von mir verschont, denn billig war das Telefonieren nun gerade nicht. Im Übrigen bot das Telefon weit mehr als simple Anrufe. Häufig geriet man damals in fremde Unterhaltungen, bei denen es oft sehr heftig zuging und erst mein undiszipliniertes Lachen den Streit zum Verstummen brachte. »Da ist doch wieder so ein Idiot in der Leitung! Das ist bestimmt deine Mutter. Die kontrolliert dich doch von früh bis spät. Ich leg jetzt auf.«

Der schöne Schlager aus meiner Jugend »Nachts ging das Telefon, und ich wusste schon, das kannst nur du sein« galt nicht immer. Die Menschen, die mich in meiner Nachtruhe störten, waren oft auf der Suche nach dem Ehemann, dem Sohn, dem Geliebten. »Du schickst mir jetzt sofort den Rolf zurück«, übertönte eine kräftige Frauenstimme mühelos laute Musik und Stimmengewirr im Hintergrund. »Hier ist genug zu tun. Und jetzt sitzt er bei dir wieder rum.« Meine zaghafte Antwort, sie habe sich verwählt, erntete nur ein grollendes Gelächter. Ich nannte schließlich meinen Namen, worauf das Lachen sich verstärkte und ich zu hören bekam: »Adlig willst du auch noch sein? Das ist ja wohl die Höhe.« Schließlich klärte sich alles auf. Ich wurde in ihre Kneipe eingeladen, und wir verabschiedeten uns überaus herzlich. Eine andere Anruferin wiederum ließ mich nicht im Unklaren, wie tief getroffen sie war, dass ich ihren halbwüchsigen Sohn verführt hatte. »Es ist einfach ein Skandal. Mein Sohn ist ja noch ein halbes Kind. Sie sollten sich wirklich schämen!« Meine Beteuerung, ihr Sohn sei mir noch nie begegnet, fand keinen Glauben.

Mit wachsendem Wohlstand wurde das Telefon in den Familien zum Dauerstreitthema, das sogar in den Feuilletons seinen Platz fand. Kaum waren die Kinder aus der Schule zurück, wurde es von ihnen mit Beschlag belegt, was besonders die Väter zur Verzweiflung brachte, ihnen andererseits aber im Bedarfsfall sehr glaubhafte Notlügen ermöglichte. »Wo hast du denn gesteckt? Wir warten und warten mit dem Essen auf dich, und du bleibst weg wie Rohrwasser.« »Ich musste Überstunden machen. Ich habe ein Dutzend Mal versucht, dich anzurufen. Keine Chance.«

Auch im Urlaub hatte es so seine Schwierigkeiten mit dem Telefonieren. Und die Telefonhäuschen, wie etwa auf Sylt, waren äußerst knapp. So bildeten sich nach achtzehn Uhr, wenn der Tarif billiger war, vor den Zellen lange Schlangen. Manche Wartenden hatten sogar ein Klappstühlchen dabei. Selbst wer seine Familie nur kurz informieren wollte, musste sich auf eine lange Wartezeit einrichten, denn die Vorwahl für die Leitung zwischen Insel und Festland war ständig besetzt. Es gab wahre Künstler unter den Telefonierern, die es auf Anhieb schafften, mit ihrem Gespräch durchzukommen, und gern ihre Mitmenschen belehrten, wie man das anstellen müsse. Manche schworen auf Wählen in rasendem Tempo, andere wiederum behaupteten, man solle nach jeder Zahl bis drei zählen, ehe man weiterwähle. Aber wie es so ist im Leben, manchmal klappte es und manchmal nicht. Wenn jemand Groschen und Markstücke liebevoll auf dem Telefonbuch neben dem Apparat aufbaute, ging ein resigniertes Seufzen durch die Schlange. Firmenchefs, von ihren Sekretärinnen, die ihnen alles Unbequeme abnahmen und auch die Telefonverbindungen herstellten, umsorgt und verwöhnt, benahmen sich wie die Ehemänner vergangener Zeiten, die nicht imstande waren, sich ein Ei zu kochen. Auf der Insel unterwegs, fiel ihnen plötzlich ein, dass sie dringend in der Firma anrufen mussten, und zwar auf der Stelle, keine Zeit, ins Hotel zurückzukehren. Unter den belustigten Blicken der Warteschlange fummelten sie ungeschickt an dem Apparat herum, steckten falsche Münzen in den Schlitz, verwählten sich mindestens dreimal und versuchten, die Gebrauchsanweisung zu entziffern, bis sich schließlich jemand erbarmte und ihnen zu Hilfe kam. Aber auch die Jugend, die, wie wir wissen, seit Menschengedenken nicht so ist, wie sie sein sollte, stiftete Unmut. Einige von ihnen machten es sich in der Zelle so richtig gemütlich, und an ihren verklärten Gesichtern ließ sich unschwer ablesen, dass sie nicht mit den Eltern telefonierten. Andere wiederum drängten sich unter sinnlosem Gelächter zu dritt in den kleinen Raum und dachten nicht daran, irgendwelche Rücksichten auf die Wartenden zu nehmen.

Solange ich Sylt kenne, war es im Sommer immer überfüllt, auch zu Zeiten, als das Wirtschaftswunder noch in den Kinderschuhen steckte. Und die naturverbundenen Einheimischen taten es wie ihre Vorfahren, die in Not geratenen Schiffen durch falsche Leuchtfeuer den angeblichen Rettungsweg wiesen, um die Gestrandeten dann kräftig auszuplündern. Auch sie nutzten die Gunst der Stunde und nicht nur das. Sie verstanden es auch, ihre Gäste kurzzuhalten und ihnen klarzumachen, dass der Preis für diese wundervolle Unterkunft viel zu gering war. »So viel Geld für einen Platz unter der Treppe?« –

»Es ist Hauptsaison, meine Dame. Sie müssen es ja nicht nehmen. Allerdings glaube ich kaum, dass Sie etwas Billigeres und Strandnahes finden werden. Nein, telefonieren können Sie hier nicht. Dafür gibt's ja die Post.«

Es stimmte, der Weg zum Wasser war nur kurz. Noch hielten sich die Baulöwen zurück. Es gab jede Menge Heide, die man, von Lerchengesang begleitet, durchwandern konnte. Ich war lange nicht auf der Insel, aber man sagt, dass es mit diesem Gewächs nicht mehr gut aussieht, dass der Straßenverkehr von Jahr zu Jahr zunimmt und die Natur nichts mehr zu lachen hat. Die Telefonzellen haben ausgedient. Dafür klebt bei Jung und Alt von früh bis abends das Handy am Ohr. Da kann das Meer noch so majestätisch rauschen, die Abendsonne die Wellen in Gold verwandeln, in das eine Möwe im Sturzflug eintaucht. Kommunikation ist alles, jede Minute muss ausgenutzt werden, mit einem anderen Menschen zu reden. Wie hat das bloß eine rübenhackende Bäuerin oder ein Waldarbeiter früher durchgehalten, acht Stunden lang kein Wort loszuwerden?

Doch zurück zu meinem Telefon. Nach zehn Jahren begann es zu schwächeln. Ein neues musste her. Diesmal war es ganz in Weiß und besaß ein Rädchen, mit dem man den Klingelton laut und leise stellen konnte, so dass nächtliche Anrufer keine Chance hatten, auch nicht mehr jener junge Mann, der sich unverdrossen immer wieder meldete und mit schüchterner Stimme bat, ich möge mich bitte ausziehen, wenigstens ein einziges Mal. Ich hoffe nun, dass er inzwischen eine Partnerin im Internet gefunden hat.

Irgendwann begann aber auch der weiße Apparat zu kränkeln. Es entstand ein Wackelkontakt, der nur durch ein neues Kabel zu beseitigen war. Noch war die Post in den Händen des Staates, und eine freundliche Beamtin gab sich sehr viel Mühe damit, mir ein Ersatzkabel zu verschaffen. Tatsächlich trieb sie auch eins auf. Es wurde mir mit einem höflichen Brief zugeschickt, und mein Nachbar übernahm die Reparatur. Leider musste ich es dann doch ein Jahr später endgültig ausrangieren.

Inzwischen habe ich bereits das vierte, moderne, das selbstverständlich ein Display hat, ein Menü und andere schöne Sachen, von denen ich aber zum großen Teil nicht begriffen habe, wie man sie einstellt. Man kann außerdem viel Merkwürdiges mit ihm tun, aber für was das alles gut sein soll, hinter dieses Geheimnis bin ich noch nicht gekommen. Leider neigt es zu Gleichgewichtsstörungen, und der Hörer verrutscht. Ich fürchte, ich werde es bald ausmustern, obwohl es zugegebenermaßen einen gewissen individuellen Charakter zeigt. Wenn ihm mein Gerede zu viel wird, stellt es sich für ein paar Sekunden ab, was den Gesprächspartner total verwirrt: »Bist du noch da?« Der Apparat zwingt mich, vor jedem Gesprächsbeginn dem anderen mitzuteilen: »Bitte nicht auflegen, wenn wenige Sekunden lang nichts von mir zu hören ist!« Mit Freunden lässt sich das noch machen, aber bei geschäftlichen Gesprächen wirkt diese ständige Unterbrechung doch etwas merkwürdig. Mein Entschluss steht also fest, ich lasse mir doch nicht von meinem Telefon auf der Nase herumtanzen! Doch dann kommen mir Zweifel. Darf man etwas so selbständig Denkendes überhaupt wegwerfen, wo es doch heute nur noch Meinungen wie vom Fließband gibt?

Geadelt

Großeltern, ja die gesamte Großeltern-Generation ist von einem Hoffnungsträger des deutschen Fußballs sozusagen geadelt worden: Dieser König im Toreschießen unterbrach im Fernsehen ein Interview, um nicht etwa, wie üblich, Eltern, Geschwister und Freunde zu grüßen, sondern Opa und Oma, woran sich mal wieder zeigt, was für eine Rolle wir Uralten für die junge Generation spielen. Genau wie für die meisten von uns Enkel und Urenkel das Höchste sind. Selbst altmodische Urgroßväter, die sich noch gestreng von ihren Ehefrauen das tadellos geführte Haushaltsbuch zeigen ließen – lang, lang ist's her –, sind dem Nachwuchs gegenüber voller Milde und öffnen ihm großzügig das Portemonnaie. Wir lieben unsere Enkel. Allerdings sollten besonders wir Uralten uns reiflich überlegen, ob wir noch den Pflichten eines Babysitters gewachsen sind, sonst kann es passieren, dass die arglos von einem Theaterbesuch heimkehrenden Eltern etwas Unerwartetes an der Wohnungstür empfängt, nämlich das vergnügt brabbelnde Kleinkind, während die in Tiefschlaf versunkene Großmutter vor dem dröhnenden Fernseher sitzt. Glücklicherweise ist der kleine Liebling unversehrt, aber leider nicht das Wohnzimmer. Es wurde von ihm mit bemalten Wänden und einem Teppich von Haferflocken und Gummibärchen völlig neu dekoriert. Obendrein läuft die Waschmaschine auf vollen Touren, und in ihr dreht sich etwas, was sehr nach Papis geliebter Lederjacke aussieht. Den Eltern, teils entsetzt, aber auch stolz – wie hat es der Junge nur fertiggebracht, die Waschmaschine in Gang zu setzen –, wird sich diese Frage in späteren Jahren leider nicht mehr stellen, denn bei vielen männlichen Heranwachsenden erlahmen, besonders, was den Haushalt angeht, die kreativen Kräfte in atemberaubendem Tempo, und der einst so einfallsreiche Sprössling weiß nicht mal mehr, wo die Waschmaschine eigentlich steht.

Nun gibt es ja Großeltern, Großtanten und Onkel der verschiedensten Jahrgänge. Manche von ihnen sind sogar noch berufstätig, was sie aber nicht daran hindert, sich in ihrer Freizeit so viel wie möglich den Enkeln zu widmen. Die Großmutter, von der hier die Rede sein soll, wird in den Ferien von ihrer Enkeltochter beauftragt, sich um ihre Marienkäferzucht zu kümmern und besonders um Loni. Das Marienkäferchen hat tragischerweise schon einige Beinchen verloren, und die Großmutter wird angewiesen, sich besonders um die Schwerbehinderte zu kümmern. Aber erst mal müssen sich die Großeltern noch einen langen Vortrag ihrer Enkelin über Käfer im Allgemeinen und über Marienkäfer im Besonderen, von denen es in Deutschland etwa siebzig verschiedene Arten gebe, anhören und sind sich mal wieder einig: Dieses Kind ist etwas ganz Besonderes. Bei der Menge an Blattläusen, die diese Marienkäfer angeblich täglich verzehren, wird der Großmutter allerdings etwas mulmig. »Und wo finde ich diese Viecher?«, fragt sie beklommen.

»Och, fast unter allen Blättern. Aber nur frische, bitte.«

»Ich weiß nicht«, sagt die Großmutter, »muss das denn nun wirklich unbedingt sein?«

Doch die sehr niedliche Enkeltochter hat bereits ihren Bitte-bitte-Blick angeknipst, und Omi kapituliert. »Meinetwegen«, sagt sie schließlich.

»Aber bitte kein Gejammer, wenn mit diesen Mistkäfern was passiert.«

Sofort wird sie von der Kleinen korrigiert. »Du bringst mal wieder alles durcheinander. Es sind Marienkäfer!«

»Ja, ja«, sagt die Großmutter wie immer in Eile, aber doch beeindruckt von dem Wissen der Enkeltochter.

Leider wird es dann eine sehr anstrengende Woche. Die Blattläuse scheinen etwas geahnt zu haben. Sie haben sich verkrümelt, oder sie finden den Wildwuchs von Büschen und Bäumen plötzlich nicht mehr sehr attraktiv. Nachbarn und Spaziergänger beobachten verwundert, was diese ältere Frau da im Gebüsch und an Straßenbäumen treibt. Die Erklärung »Ich suche Blattläuse« ruft allgemeines Kopfschütteln hervor – »Traurig, traurig, noch im besten Alter und schon die ersten Anzeichen von Demenz.« Die Flüche der Suchenden, die ständig auf etwas unappetitliches Weggeworfenes stößt oder in Hundekot tritt, gehen Gott sei Dank im Straßenlärm unter. Dass die Ausbeute von Tag zu Tag karger wird, liegt sicher auch daran, dass es in diesem Jahr vor gefräßigen Marienkäfern nur so wimmelt, was den Urlaubern an der Ostsee, die besonders unter dieser Invasion zu leiden haben, den Urlaub vermiest, so dass sie sich schließlich sogar vor den Schokoladenvettern dieser Käfer ekeln. Niemand in heller Kleidung ist vor diesen Käfern sicher, auch nicht die Braut, deren weißes Hochzeitskleid im Nu von oben bis unten gepunktet ist. Nur die Gärtner bezeichnen diese Plage noch als Glücksbringer, aber beim Rest der Bevölkerung haben sie schlechte Karten – allerdings auch bei den Blattläusen, auf die sich diese niedlichen Tiere nur so stürzen.

Die Großmutter zählt die Tage, bis sie diese Bürde endlich wieder los ist. Und dann passiert es: Loni stirbt eines plötzlichen Todes. Doch die Enkeltochter nimmt diese traurige Nachricht erstaunlich gefasst entgegen. »Eigentlich«, sagt sie versonnen vor sich hin blickend »wollte ich schon immer einen Hund.« Die Großmutter erstarrt und sieht sich bereits mit einem quirligen, hechelnden Etwas durch die Gegend ziehen. »Omi, einen Hund, bitte, bitte, bitte!«

In der Literatur sind Großeltern meist weise und gütig. Ein Klassiker unter den Kinderbüchern ist bis heute die Geschichte von Heidi, die bei ihrem kauzigen Großvater, dem Alm-Öhi lebt. Die Großeltern von heute sind natürlich ganz anders – modern und flexibel, kompromissbereit und anpassungsfähig. Konflikte wegen unterschiedlicher Ansichten über Kindererziehung werden möglichst vermieden. Was früher Sitte war, wird heute strikt abgelehnt wie der damals beliebte Spruch »Kinder bei Tisch, stumm wie ein Fisch«. Wer in jenen Zeiten einen Vater in den besten Mannesjahren fragte: »Wie geht's denn Ihrem Sohn?«, bekam die knappe Antwort: »Macht sich ganz ordentlich, der Junge.« Heute aber sind nicht nur die Väter, sondern vor allem auch die Großväter immer dabei, den Nachwuchs hemmungslos anzupreisen. Ja, sie genieren sich nicht einmal, stapelweise Fotos von diesen entzückenden Geschöpfen herumzureichen, und sind sogar fähig, Windeln zu wechseln und Fläschchen zu geben. Vorsichtig wird abgetastet, wie es denn mit dem Unterhaltungswert von Dingen aussieht, die uns als Kinder ergötzten. So das beliebte Fingerspiel »Das ist der Daumen, der schüttelt die Pflaumen« oder auf den Knien des Großvaters sitzend »Hoppe, hoppe Reiter«. Auch unser großes Reservoir an Märchen, teils mit viel Pathos vorgelesen, teils nacherzählt, teils frei erfunden, stößt auf unterschiedliche Resonanz. Ist das Kind bereits ein Abc-Schütze, muss man schon in Kauf nehmen, dass es mitten in der spannenden Geschichte zum Handy greift und jemanden fragt: »Wo bist du denn? Ich bin hier. Wenn du wieder hier bist, dann melde dich.« Und dann zu dem Erwachsenen gewandt mit gütigem Blick: »Erzähl weiter!«

Gern erklären wir Uralten dem Nachwuchs auch die Wunder der Natur, von denen er leider wenig Ahnung hat, denn er ist es gewohnt, dass das Ausfallen des Fernsehers am Wochenende mehr bedauert wird als das Aussterben von Vogelarten. Für ihn und seine Eltern birgt die Natur größere Gefahren als die Autobahn. Schon allein der Gedanke, das geliebte Gefährt am Waldrand abzustellen und es womöglich nach einem ausgedehnten Spaziergang nicht mehr wiederzufinden, wie man es immer wieder lesen kann, lässt die Familie erschauern. Dazu kommen angriffslustige Mücken, böse Fliegen und heimtückische Zecken, die einem die Natur vermiesen, sowie schwere Gewitter mit gefährlichen Blitzen, Platzregen und wütigen Wildschweinen, die, wie man gelesen hat, sogar in

Häuser eindringen. Ebenso haben Enkel und Urenkel wenig Ahnung von dem Ursprung ihrer täglichen Nahrungsmittel, aber dafür gibt es ja glücklicherweise uns. Wir Steinzeitmenschen können den Kindern erklären, dass die Milch von einem Lebewesen, das man Kuh nennt, stammt und nicht aus einer Pipeline kommt.

Jemand der sich noch besonders gut in Wald und Heide auskennt, ist Großtante Irmgard. Kein sehr gesprächiger, eher ein ruhiger Typ, der aber so richtig aufblüht, wenn es sich um Vögel, Insekten, Baumarten und Pilze handelt. Kurz gesagt: Um alles, was da draußen so wächst, kreucht und fleucht. Das Urteil der Familie über sie ist gespalten, man findet sie teils, teils. Teils ist sie eine angenehme, ruhige Person, teils ist ihre Naturschwärmerei ziemlich stressig. Und das, was sie jedes Mal stolz an selbstgebackenem Kuchen mitbringt, ist geradezu eine Katastrophe. Nur mit Mühe kann die Hausfrau mit einem kräftigen Tritt unter dem Tisch ihren Mann daran hindern, ihn in gewohnter Gedankenlosigkeit an den Dackel zu verfüttern. Allein der sechsjährige Wolfi ist mit ihr ein Herz und eine Seele, was die Eltern erstaunlich finden, aber die Mutter zu dem Schluss kommen lässt, dass ihr

Wolfi eben der geborene Kavalier ist, der sich selbst bei schrulligen alten Frauen wie Tante Irmgard von seiner ritterlichen Seite zeigt. Er wiederum findet, dass seine Mutter bereits die besten Jahre hinter sich hat, sonst würde sie sich wohl kaum über jede Kleinigkeit derartig erregen. Ganz anders Tante Irmgard. Sie ist die Ruhe selbst, und sie nimmt ihn ernst. Deshalb wird ihr Vorschlag, mit ihm mal wieder den nahe gelegenen Wald zu durchwandern und anschließend in einem Hotel zu übernachten, mit Begeisterung von ihm, aber auch von den Eltern aufgenommen, die am Wochenende nach Rom fliegen wollen.

Mit festen Stiefeln an den Füßen und einem kleinen Rucksack auf dem Rücken, in dem auch sein geliebter Teddy steckt, zieht er mit der Tante los. Zunächst verläuft alles nach Plan. Die Natur zeigt sich von ihrer schönsten Seite, und Wolfi kann eine Ricke mit ihrem Kitz beobachten, einem Buntspecht bei der Arbeit zusehen und von Baum zu Baum springende Eichhörnchen bewundern. Tante Irmgard ist ganz in ihrem Element und daher gesprächiger als gewohnt. Sie erklärt ihm, wie essbare Pilze aussehen und wo man Pfifferlinge findet. Auch mit den Bäumen kennt sie sich gut aus und zeigt ihm den Unterschied zwischen der gemeinen Hopfenbuche und einer Birke. Sie redet und redet, bis er zu gähnen anfängt und sagt: »Wann machen wir endlich mal 'ne Pause?« Ein geeignetes Plätzchen ist schnell gefunden, und so, seinen Teddy neben sich, genießt Wolfi den von seiner Tante mitgebrachten Proviant ausgiebig. Zu spät bemerken sie, dass sie sich auf einem gut getarnten Ameisenhaufen befinden, dessen Bewohner kampfeslustig sofort zum Angriff übergehen, so dass sie die Flucht ergreifen müssen. Im Hotel angekommen, stellt Wolfi voller Kummer fest, dass er in der Eile des Aufbruchs seinen geliebten Teddy vergessen hat, und nun ist sein Liebling diesen mörderischen Krabbeltieren ausgeliefert. Die Tränen fließen reichlich.

»Musst nicht«, sagt die Tante tröstlich, »ich werd ihn schon finden.« Sie lässt den Jungen im Hotel zurück und kehrt noch einmal um. Leider verliert sie bald die Orientierung, so dass sie zwei Stunden im Wald herumirrt, ohne den Rastplatz wiederzufinden. Unverrichteter Dinge und selbst ganz unglücklich – »Wie soll sie das dem armen Kind nur beibringen?« – kehrt sie schließlich zurück. Doch das hat sich inzwischen mit einem etwas älteren Jungen angefreundet. Sie sehen sich gerade gemeinsam einen Film an, der von einem bösen Wolf handelt. Dieses Tier treibt in einem großen Wald sein Unwesen und setzt gerade zum Sprung auf ein argloses kleines Mädchen an. Auf die Hiobsbotschaft seiner Tante reagiert Wolfi merkwürdig gefasst. Er macht nur eine wegwerfende Handbewegung und sagt: »Teddys sind uncool.«

»Na so was«, sagt die Tante.

Später im gemeinsamen Hotelzimmer geht es schweigsam zu. Bevor er gewaschen und mit geputzten Zähnen ins Bett schlüpft, durchsucht er noch einmal seinen kleinen Rucksack und fördert einen Schnuller zutage. Er steckt ihn sich in den Mund und sieht die Tante gleichzeitig finster und herausfordernd an. Doch Tante Irmgard enthält sich wie üblich jedes Kommentars. Ein wenig später setzt sie sich auf sein Bett und sagt: »Na, dann schlaf mal schön, Junge.«

Er legt den Schnuller neben sich, umarmt sie fest und flüstert: »Du bist die allerbeste Tante, die ich kenne.«

»Na siehste«, sagt die Tante und verschwindet im Badezimmer.

Glücklicherweise findet sich der Teddy wieder

an und sitzt bereits auf Wolfis Platz, als er am Frühstückstisch erscheint. Der Förster hat ihn gefunden, sich seinen Reim darauf gemacht und ihn im Hotel abgegeben. »Na also«, sagt die Tante.

Eins steht fest: So zahlreiche Familienmitglieder wie in unserer Generation wird es bald nicht mehr geben. Allein ich besaß zwanzig Vettern und Cousinen ersten Grades. Bald werden die immer später gebärenden Frauen Mütter und Großmutter in einer Person sein. Dafür dürfen sich dann ihre Enkel und Urenkel auf etwas freuen, was ihren Eltern noch verwehrt ist: den Familienroboter – hochintelligent, mit allem vertraut, was in der dann kommenden Zeit wichtig ist, und ohne Schwierigkeit in einer Besenkammer unterzubringen. Je nach Einstellung wird er mit unseren Kleinen zärtlich, liebevoll, energisch oder sogar autoritär umgehen. Frühreife Knaben, die in Abwesenheit der Eltern im Internet Pornos betrachten, wird er durch leichte, aber unangenehme Stromstöße ermahnen, besser die Finger davon zu lassen. Auch erweist sich dieses Wunderding im Gegensatz zu uns als äußerst nervenschonend, denn es verlegt nicht ständig seine Brille, auf die sich dann jemand setzt, oder verkramt seine Hörgeräte. Auch ist es körperlich immer gut drauf.

Wir brauchen uns also um die zukünftigen Generationen in dieser Beziehung keine Sorgen zu machen. Manchmal aber hat auch so ein Roboter seine besinnliche Stunde, und dann summt er ein Lied vor sich hin, das ich noch aus meiner Jugendzeit kenne: »Komm wieder, Nöck, du singst so schön! Wer singt, kann in den Himmel gehn! Du wirst mit deinem Klingen zum Paradiese dringen!« In solchen Momenten steht fest, dass einer aus unserer Generation beim Entwurf dieses Zukunftstraums mitgewirkt haben muss. Ein schöner Gedanke, aber vielleicht keine gute Idee, denn der zukünftige Hausherr schnauzt den armen Familienroboter an: »Schon wieder dieses Gejaule. Ab in die Besenkammer!«

Nachwort

Heute wird ja viel von Werten geredet, besonders von den verlorengegangenen. In solchen Momenten melden wir Uralten uns gern zu Wort und sagen bescheiden: »Aber es gibt doch noch uns.« Wir sind durch unsere interessante, wenn auch unerfreuliche Vergangenheit mindestens so viel wert wie so manches gehegte und gepflegte alte Gebäude und müssten deshalb genau wie dieses längst unter Denkmalschutz stehen, zumal wir eine Menge Kultur gehortet haben und Schillers »Glocke« ebenso fehlerfrei aufsagen können wie »Das Grab am Busento«, was wir nur zu bereitwillig tun. »Nächtlich am Busento lispeln bei Cosenza dumpfe Lieder; aus den Wassern schallt es Antwort, und in Wirbeln klingt es wider!« – »Lass es, Tantchen, bitte lass es!«

Im Übrigen haben wir es nicht mehr so mit den Werten – oder der Wertigkeit, wie es heute heißt. Nach unserer Erfahrung lassen sie sich nicht so ohne weiteres auf die jüngere Generation übertragen. Schillers »Im Felde, da ist der Mann noch was wert« würde wohl heute für einiges Erstaunen sorgen. Und Verantwortung tragen, eine Tugend, deren Verlust heute oft beklagt wird, wurde in meiner Kindheit auf dem Lande nicht als solche empfunden, sondern als Notwendigkeit. Schafe, Ziegen und Hühner zu füttern und auf sie wie auf die kleineren Geschwister aufzupassen gehörte deshalb bereits für jeden Abc-Schützen zur Tagesordnung. Gelobt wurde er dafür nicht, aber wenn er sich saumselig zeigte und die kostbare Ziege abhandenkommen oder ein Geschwisterchen im Gewitter stehenließ, konnte er sich auf sehr Unangenehmes gefasst machen. Ebenso wenig zeigte der Meister das heutzutage überstrapazierte »Verständnis« für seinen vierzehnjährigen Lehrling, wenn der zu spät zur Arbeit erschien.

Leider ist auch bei uns Steinzeitmenschen auf dem langen, dornigen Lebensweg eine Menge an Tugenden verlorengegangen. Trotzdem zitieren wir heute gern den schönen Spruch: »Üb immer Treu und Redlichkeit bis an dein kühles Grab und weiche keinen Fingerbreit von Gottes

Wegen ab.« Denn der Mensch hat nun mal die Eigenschaft, sich beim Rückblick auf frühere Zeiten das Beste herauszupicken und das Schlechte zu verdrängen. Außerdem kann man sich über nichts so angenehm entrüsten wie über fehlende Tugenden. Dabei gab es damals überall, auch in meiner großen Familie, genügend schwarze Schafe, die an langen Winterabenden für Gesprächsstoff sorgten. Da waren leichtsinnige Onkel, denen bereits die Schulden übers Dach wuchsen, darunter ein besonders dickfelliger, der einem Ondit, wie sich meine Mutter vornehm ausdrückte, zufolge seinen Gläubigern sogar gedroht haben sollte. Wenn er ihrer Mahnungen überdrüssig war, schrieb er zurück: »Sehr geehrte Herren! In der Weihnachtszeit findet bei mir im Haus regelmäßig eine Lotterie mit unbezahlten Rechnungen statt. Sollte ich aber noch eine einzige Mahnung von Ihnen erhalten, sehe ich mich gezwungen, Ihre Rechnung von der Verlosung auszuschließen. Hochachtungsvoll.«

Ebenso gab es muntere Knaben, die, anstatt fürs Abitur zu pauken, lieber den Humpen schwangen oder sich auf Rennplätzen herumtrieben. Einer von ihnen, der demzufolge das

Examen nicht bestanden hatte, teilte dieses Missgeschick seinen Eltern per Telegramm mit: »Leider unter ferner liefen.« Wenn eines dieser bestaunten, belachten und heimlich bewunderten Familienmitglieder es zu arg trieb, schickte man das schwarze Schaf ins Ausland, meist nach Amerika, sein Name wurde nicht mehr erwähnt. Und doch erwies sich so manches schwarze Schaf als Glücksfall, nicht nur für sich selbst, sondern auch für die Angehörigen, denn nach dem Ersten Weltkrieg kehrte es, reich mit Dollars bestückt, als Retter der Witwen und Waisen zurück. Gelegentlich verschlug es der Historie zufolge den Verstoßenen aber auch in Länder, in denen es noch Menschenfresser gab. So soll die gutbetuchte Großmutter eines solchen Unglücksraben, die es sich gerade in einem Kurort wohl sein ließ, zufällig aus der Zeitung von dem unerwarteten Tod ihres Enkels erfahren haben, worauf sie in Ohnmacht fiel. Allerdings stammt diese Geschichte aus jener Zeit, als man noch ganz unbefangen mit Nixen, Wassermännern, Zwergen und Gnomen zusammenlebte und es durchaus passieren konnte, dass der Schlossherr auf dem Weg zum Weinkeller fluchend über seinen schon recht angesäuselten Hausgnom stolperte – »Du schon wieder!« Aber in einem Kochtopf zu landen wurde offensichtlich auch damals als außergewöhnlich empfunden!

Leider lassen sich die Auswirkungen des Alters nicht an bestimmten Jahren festmachen wie bei einem Jugendlichen. Wenn sich zum Beispiel eine Mutter bitter über ihren flegelhaften Dreizehnjährigen beklagt, hat man sofort als Trost die Pubertät zur Hand. Aber bei uns Alten kann der eben noch so resche Siebzigjährige plötzlich vergessen, in welcher Straße er wohnt, der Neunundneunzigjährige aber noch mühelos das Alphabet rückwärts aufsagen. Für uns ist die Zukunft ungewiss. Genauso wie wir nicht gefragt wurden, ob wir überhaupt auf diese Welt kommen wollten, ist es mit dem Ende. Die Zeit, die uns noch bleibt, kennen wir nicht, ob es noch drei Monate sind oder ob wir, wenn es sein muss, von oben bis unten mit Ersatzteilen bestückt, bis hundert durchhalten.

Uns also noch über vorhandene oder verlorengegangene Werte den Kopf zu zerbrechen, finden wir ziemlich überflüssig. Uns beherrscht mehr und mehr die Angst, unsere Selbständigkeit zu verlieren und von anderen abhängig zu sein. Deshalb schieben wir diese Möglichkeit gern beiseite und trauen uns Dinge zu, die schon von den Sechzigjährigen Konzentration erfordern, zum Beispiel eine Gardine aufzuhängen oder ein Auto zu lenken. Aber mit unserem ständigen Ehrgeiz, beweisen zu wollen, dass wir mit den Jüngeren noch mithalten können, erregen wir mehr Kopfschütteln als Bewunderung. »Es ist doch wirklich kinderleicht, dein Bus hält direkt vor der Haustür. Mit dem fährst du einfach bis zur Endstation. Dann steigst du um in den gegenüberliegenden, fährst mit ihm zwei Stationen und bist fast vor unserer Haustür angelangt. Was in aller Welt ist daran plötzlich für dich so schwierig, wo du gerade herumgetönt hast, in Kürze noch einmal nach Amerika zu fliegen?« Aber so sind wir Alten nun mal, das eine trauen wir uns noch zu, das andere, eigentlich weniger Komplizierte, nicht. Auch unsere immer häufiger wechselnde Stimmung verwirrt in der Familie besonders jene, die auch nicht mehr die Jüngsten sind und selbst schon Muffensausen bekommen bei dem Gedanken, was auf sie zukommen könnte. »Man weiß wirklich nicht, woran man bei dir ist. Mal alberst du herum, ja, erzählst sogar recht flotte Witze, mal starrst du vor dich hin und sagst, du bist allen nur eine Last.«

Als wenn das alles nicht genug wäre, wird uns zu einem Zeitpunkt, an dem wir mit unserem Körper ständig im Clinch liegen, um unsere Selbständigkeit zu erhalten, der Alltag durch die, wie wir finden, völlig irreführend sogenannten »Dienstleister« erschwert. So bekomme ich einen höflichen Brief von der Firma, die für die Rauchmelder in meiner Wohnung zuständig ist, ich möge doch so freundlich sein und meine Rauchmelder überprüfen. Eine Anleitung, wie ich das machen soll, liegt bei. Ist doch ganz einfach: Leiter holen, Rauchmelder von allen Seiten beäugen, abwischen, Alarmknopf überprüfen, und fertig ist der Lack! Aber auf eine Leiter zu klettern traue ich mich schon lange nicht mehr und auch nicht, meinen Kopf in den Nacken zu legen. Selbständigkeit ade, der Nachbar muss her. Pakete werden von der Konkurrenz der Post oft nicht mehr zugestellt, sondern müssen in irgendeinem Geschäft oder einem Kiosk abgeholt werden. Ist doch ein Klacks: hinmarschiert, Paket unter den Arm geklemmt und fertig. Aber wenn die süße Last nun zu schwer ist oder, wie im letzten Winter, die Straßen nicht begehbar sind? Überall wird man mehr und mehr zur Selbstbedienung aufgefordert: abwiegen, Knöpfe drücken, Automaten freundlich stimmen, damit sie auf unseren eingetippten Wunsch reagieren, was besonders schwierig ist, wenn sie in der Mittagssonne stehen. Ein ausgesprochen feindliches Verhalten zeigen mir gegenüber jene Automaten, die mit Briefmarken gefüttert sind. Da der Apparat wieder einmal so ungünstig angebracht ist, dass ich die Gebrauchsanweisung nicht lesen kann, bitte ich einen Passanten um Hilfe. Die Bereitschaft dazu ist groß, der Erfolg allerdings nicht. Das Geld ist futsch, von Briefmarken nichts zu sehen. »Lassen Sie mich mal ran«, sagt ein sich zu uns gesellender junger Mann. »Diese Dinger brauchen manchmal einen ordentlichen Schubs.« Nichts rührt sich, weder die Briefmarken noch das Rückgeld. Unverrichteter Dinge kehre ich in meine Wohnung zurück. Aber nichts im Leben ist vergebens, ich habe Bekanntschaft mit zwei sehr netten hilfsbereiten jungen Menschen gemacht.

Leider kommt im hohen Alter nicht nur unser Körper, sondern auch unsere Seele leicht ins Stolpern und peinigt uns mit unbestimmten Ängsten. Dazu hat sich unser Gedächtnis angewöhnt, gründlich Hausputz zu machen und sich zu entrümpeln, was zur Folge hat, dass die verschiedensten Erlebnisse und Erinnerungen auf einem Haufen landen. Das Resultat sind völlig verrückte Träume, jedenfalls bei mir. Eben ist es noch das Jahr 1946, und ich bin gerade dabei, mit dem üblichen Herzklopfen über die grüne Grenze Richtung Heimat zu marschieren, da befinde ich mich plötzlich im verhassten Internat. Eine von allen gefürchtete Lehrerin sieht mich durchbohrend an und fragt: »Wann ist Napoleon geboren?« Die Antwort bleibt mir glücklicherweise erspart, denn nun renne ich, mal wieder viel zu spät, an dem feixenden Wachtposten vorbei über den Kasernenhof der Wehrkreis-Reit-und-Fahrschule Richtung Stall, in dem die anderen längst beim Satteln sind. Außer Puste, greife ich nach dem Sattel und stelle fest, der Sattelgurt ist weg, und ich muss mir schleunigst einen neuen »organisieren«, wie man ja bekanntlich das Wort »klauen« im Krieg feinsinnig umschrieb.

Aber manchmal haben wir auch Glück. Dann kehren wir im Traum in jene Jahre zurück, als unsere Zukunft noch aus der Vorfreude auf das sonntägliche Frühstücksei und den frischgebackenen Kuchen bestand. Wir laufen auf vertrauten Wegen. Unsere Landschaft ist noch nicht von Windrädern verschandelt oder von Autobahnen zerschnitten. Wir klettern in altersschwache Kähne, die geruhsam auf dem See vor sich hin dümpeln, und warten. Allmählich wird es dunkel. Die Fledermäuse kommen aus ihrem Versteck. Die Rohrdommel gibt ihre dumpfen Laute von sich. Glühwürmchen umtanzen zu Dutzenden blühende Büsche. Das Käuzchen klagt melancholisch vor sich hin, und die Frösche stimmen sich so langsam auf das Chorsingen ein. Über uns kreist meckernd die Himmelsziege. Die Luft ist voller Gerüche. Wir warten.

Die Grille sang,
Die Sonne schwand,
Handwerker säumten, Band für Band,
Den letzten Tagesrand.

Das Gras sank tief, vom Tau bedeckt,
Das Zwielicht stand, wie Fremde stehn –
Gezognen Huts, neu und korrekt.
Im Bleiben oder Gehn.

Als Nachbar kam Unendlichkeit –
Und Weisheit als Unkenntlichkeit –
Und Friede als ein häuslich All –
Dann war die Nacht bereit.

Emily Dickinson (1830–1886)

Ilse Gräfin von Bredow

Adel vom Feinsten

Amüsante Geschichten aus vornehmen Kreisen. 256 Seiten. Piper Taschenbuch

Adel ist heute wieder sehr gefragt – eine Prinzessin schmückt jedes Kaffeekränzchen. Ilse Gräfin von Bredow nimmt ihre Leser mit auf eine vergnügliche Reise in die Vergangenheit zu den Schlössern und Landgütern und ihren Bewohnern. Humorvoll schildert sie das Leben adliger Familien, das längst nicht immer so luxuriös ist, wie viele gern glauben möchten: Hier gleicht manches Schloss eher einer Ruine, da macht sich das exzentrische Personal selbstständig und dort blickt eine Familie auf die andere – nur Etagenadel! – nieder … Ein humorvoller Blick auf den Adel und seine Welt.

»Nostalgie ohne Sentimentalität auszudrücken ist eine große Kunst. Ilse Gräfin von Bredow beherrscht sie.«

Brigitte

05/2115/02/L

Ilse Gräfin von Bredow

Das Hörgerät im Azaleentopf

224 Seiten. Piper Taschenbuch

Die mittlerweile neunundachtzigjährige Autorin erzählt, wie es wirklich ist, nicht mehr die Jüngste zu sein. Denn auch wenn die Gesellschaft nur ein Ziel zu kennen scheint – so alt wie Methusalem zu werden – hat das Alter doch so seine Tücken …

»Die Kunst, aus allem das Beste zu machen, beherrscht Ilse Gräfin von Bredow meisterlich. Ein vergnügliches Buch zum Schmökern.«

Hörzu

05/2682/01/R